Vivir en soledad

La delgada línea entre
paz y depresión

Marcus W. Oliver

Editorial Anuket

Contenido:

Capítulo 1
Soledad ¿Qué es?

Es un sentimiento subjetivo que puede ser inmediato o permanente. Para algunos es aterrador, pero para otros es una necesidad. Todo depende de la dosis y la percepción. Si bien la soledad es un sentimiento subjetivo que puede ser percibido de manera diferente por diferentes personas, el aislamiento social provoca sentimientos de vacío y angustia cuando no tomas una decisión. La buena noticia es que existen varias iniciativas que pueden ayudar a salir de esta situación.

La soledad es un sentimiento de vacío anímico. No depende necesariamente del número de personas con quien interactúes, porque puedes sentirte solo en la multitud, como alguna vez lo escribió Ana Frank en su libro.

El aislamiento social se asocia con la falta de interacción con los demás. En la mayoría de los casos, la soledad no es una situación de elección y juicio; sino por causas que obligan a permanecer en ese estado, por ejemplo, un trabajo en un lugar remoto, o el desarrollo del duelo por la muerte de un ser querido.

Es necesario distinguir entre un solitario que aprecia los momentos de soledad y disfruta vivirlos, y un solitario que vive en una soledad larga y permanente que no se puede sostener. Asimismo, soledad y soltería no son lo mismo; para encontrar el amor de tu vida, primero debes estar solo.

La soledad es un estado que nunca eliges. Los sentimientos de soledad son siempre negativos y causados por privaciones emocionales. Esta deficiencia actúa como cualquier otra deficiencia comparable al dolor o al hambre. En la literatura, la soledad se suele denominar dolor social.

Las personas afectadas por esta enfermedad sienten que su vida social es incompleta. Esto se aplica a todos los aspectos de la intimidad y la comunidad. Las personas solteras a menudo no están satisfechas con sus relaciones. No son lo suficientemente íntimos o no son lo suficientemente cariñosos.

¿Cómo afecta el autoaislamiento a la salud? Son muchos los estudios que destacan los efectos nocivos de la soledad sobre la salud. Según un estudio del Instituto Canadiense de Información sobre la Salud, los adultos mayores que se sienten solos tienen más probabilidades de morir antes, que sus pares que son acompañados en la vejez. La soledad persistente no solo cambia el comportamiento, sino que también emerge cuando medimos los niveles de la hormona del estrés, la inmunidad y la función cardiovascular. Con el tiempo, estos cambios fisiológicos empeoran hasta el punto en que resulta dañinos para personas de avanzada edad. En 2003, un estudio identificó, utilizando imágenes de resonancia magnética del cerebro, la activación de regiones dolorosas cuando las personas eran expulsadas de un grupo social.

Las personas que sufren este aislamiento social a largo plazo también tienen más probabilidades de desarrollar enfermedades como la depresión. El sentimiento de soledad, según cifras alarmantes, es considerado una de las epidemias del siglo XXI.

Ampliando el concepto

La soledad es un estado de vida o un momento en que una persona está sola, ya sea físicamente (no hay nadie alrededor) o mentalmente (no hay personas de ideas afines alrededor).

A veces estar solo es normal y hermoso, y muchas personas creativas se esfuerzan por estar solas porque saben lo fructífero que puede ser. Al mismo tiempo, la soledad como estilo de vida no es del interés de una persona.

Los hombres se quejan de la soledad con menos frecuencia que las mujeres, pero son ellos los más afectados por la soledad. Los hombres que viven solos sin un entorno sano tienen más probabilidades de hundirse y adquirir malos hábitos: locura, vida nocturna, juegos de computadora y alcoholismo. Las mujeres se las arreglan mejor con la soledad, pero se quejan más a menudo del aislamiento. Al mismo tiempo, una paradoja conocida desde hace mucho tiempo: aquellos que están rodeados de gente son los que más se quejan de la soledad. Estos estados de ánimo oscuros son más comunes en las grandes ciudades que en los pueblos pequeños y más a menudo en los jóvenes sin profesión (trabajo, estudios). Parece que una de las razones por las que te sientes solo es porque anhelas atención y sientes lástima por ti mismo, especialmente porque sentir lástima por ti mismo es más fácil que aprender habilidades de comunicación.

Muchas veces las personas experimentan la soledad y la usan (quizás inconscientemente) para conectarse. "Estoy tan solo, todos me han dejado, todos me han traicionado..." Se entiende que quien escuche esto no lo abandonará o lo traicionará, sino que se pondrá el traje del buen samaritano y lo ayudará. Así, la mayoría habla de la soledad como una forma de manipulación.

Puede haber algo detrás del sentimiento de soledad que muchas personas ni siquiera se dan cuenta: algún miedo infantil arraigado, la necesidad compulsiva de recibir atención, desconfianza patológica, u ocultamiento de algún "defecto" del cuerpo. Todas estas situaciones solo se pueden determinar en una consulta personal con un psicólogo profesional.

La soledad femenina sigue siendo un gran tema en sí mismo. Las mujeres son más sociales, por lo que la relación con un hombre siempre está en carpeta, pero si esto no se da, es más probable que perciban la ausencia de una relación íntima con un hombre como un fracaso social. La soledad de una mujer es más un sentimiento que una realidad, porque la realidad de una "mujer solitaria" puede no ser muy diferente a la de una mujer con familia.

Esta tendencia a quejarse (como les pasa a las niñas: "¡Mamá, todas tienen Barbies, pero yo no!), aunque ella tenga la mitad de la habitación llena de juguetes, se repite en la mujer adulta como un juego nostálgico, porque la tristeza de una mujer que se siente sola, se debe a que se sienta a esperar a su príncipe, en lugar de buscar contactos y potenciar la receptividad a nuevas relaciones. Es más fácil y común quejarse y compadecerse de uno mismo que empezar a buscar activamente pareja. Es más fácil decir "No hay caballero en el mundo" que fijarse en la personalidad, intentar ser atractiva… y lo más importante, tener siempre una sonrisa en la cara y una actitud positiva en el corazón. La soledad se percibe como una experiencia altamente subjetiva, altamente individualizada y, a menudo, única.

Uno de los rasgos más característicos de la soledad es la especial sensación de estar completamente absorto en uno mismo. El sentimiento de soledad es diferente a cualquier otra experiencia porque es holístico e integral. En la soledad hay un momento de reconocimiento. Yo mismo tengo una soledad característica; me dice quién soy en esta vida. La soledad es una forma especial de autodescubrimiento, un agudo sentido de uno mismo.

En el curso de la vida cotidiana, nos percibimos a nosotros mismos solo en ciertas relaciones con el mundo. Experimentamos nuestras relaciones en el contexto de redes interconectadas complejas y vastas. La presencia de la soledad habla de un desorden en esta red. La soledad a menudo se manifiesta como una necesidad de encajar en un grupo, o simplemente un deseo de conectarse con alguien. En este caso, lo más básico es ser consciente de la sensación de falta, pérdida y derrumbe. Puede ser la conciencia de tu menguada exclusividad o el rechazo de otras personas. Desde una perspectiva existencial-fenomenológica (que es muy apropiada en este caso), la soledad corre el riesgo de fragmentar o incluso destruir la estructura intencional de la personalidad, especialmente en el ámbito intersubjetivo. En términos menos científicos, la soledad es una emoción compleja que conecta a los perdidos con el mundo interior de una persona.

Considerando lo anterior, podemos proponer la siguiente definición de soledad. La soledad es una experiencia que evoca sentimientos complejos e intensos, presenta una forma de autoconciencia y revela la fragmentación de la principal red real de relaciones y conexiones en el mundo interior del individuo. La frustración causada por esta experiencia a menudo lleva a una persona fuerte a encontrar formas de sobrellevar la enfermedad, ya que la soledad va en contra de las expectativas y esperanzas básicas de la persona y, por lo tanto, se considera muy indeseable.

La principal tarea de la fenomenología existencial de W. Sadler tiende a explicar la naturaleza de estas posibilidades para mostrar el marco dentro del cual surgen las experiencias. En consecuencia, el mundo de la vida humana se centra en la realización de cuatro existencias específicas:

1) La originalidad del destino individual, la realización del "yo" innato y su ambigüedad última.

2) Las tradiciones y la cultura del hombre, que le transmiten muchos valores e ideas y que utiliza para interpretar sus experiencias y definir su existencia.

3) El entorno social del individuo, que es el ámbito de las relaciones organizacionales con los demás y los

ámbitos en los que se generan los conceptos de participación grupal, roles y funciones del individuo.

4) La percepción de los demás puede establecer una relación "Yo-Tú", relación que puede desarrollarse en la realidad humana dual "Nosotros". En las cuatro direcciones posibles de desarrollo y expansión del mundo personal exterior, las dimensiones de la soledad también se cuadruplican y pueden definirse como las dimensiones cósmica, cultural, social e interpersonal. Dimensión cósmica de la soledad

La dimensión cósmica se utiliza para referirse, al menos, a tres formas diferentes de autoconciencia:

1) Comprenderse a sí mismo como una realidad integral, por la cual el hombre se relaciona con la naturaleza y el universo.

2) Involucrarse en aspectos místicos y misteriosos de la vida, muy cerca de Dios o de las profundidades del ser.

3) La creencia del hombre en la unicidad de su destino o su compromiso con grandes metas históricas. La soledad cósmica está presente donde existe al menos uno de estos aspectos; Otras manifestaciones de la soledad cósmica pueden incluir estos dos o incluso tres aspectos.

La soledad en la cultura

Las ciencias sociales apenas abordan el tema de la soledad cultural, pero se describe brillantemente en la novela Steppenwolf (1929) de Hermann Hesse. El personaje retratado en la novela simboliza el dilema en el que muchas personas se encuentran entre dos culturas: la vieja y la nueva. Su soledad se vuelve insoportable porque no encuentra cobijo con los demás. Este no es el tipo de soledad que se puede curar con amor o amistad, requiere una actitud diferente. La soledad cultural también se manifiesta en grupos pequeños cuando las personas sienten que se ha cortado su conexión con su propia herencia cultural o que su cultura tradicional es inaceptable en el mundo. Este tipo de soledad se da en sociedades que están experimentando un rápido cambio social. La dimensión social de la soledad.

Al considerar el aspecto social de la soledad, el término "sociedad" se aplica principalmente a grupos específicos, no a la sociedad en su conjunto. Este tipo de soledad es familiar. Sus formas particularmente duras se denotan con conceptos de exclusión social como el exilio, el ostracismo, el rechazo y, más recientemente, la sumisión. También se consideran formas más sofisticadas de exclusión social, incluidas aquellas en las que la exclusión social descalifica a las personas para pertenecer a grupos que consideran muy importantes y deseables para ellos mismos. Por otro lado, este tipo de soledad puede darse cuando una persona siente que el grupo no la acepta. En los ejemplos cósmicos y culturales de soledad, el individuo siente que ha perdido su conexión, su pertenencia; En la dimensión social de la soledad, una persona siente profundamente que ha sido rechazada, abandonada, condenada al ostracismo, expulsada o despreciada. Se ve a sí mismo como un exiliado, un extraño, un solitario, un extra. Este tipo de soledad es más probable que ocurra cuando no se consideran los roles individuales; Por ejemplo, cuando una persona es despedida o expulsada de un equipo, no admitida en una universidad, club, trabajo o empresa que le gusta; o cuando una persona es rechazada por su particular comportamiento, la clase a la que pertenece o el color de su piel, que no es socialmente deseable.

Soledad y autoestima

El deseo de comprenderse a uno mismo y de proporcionar una interpretación significativa de la propia experiencia es característico de una persona. El proceso de autoestima, autodescubrimiento y autoconciencia crítica es una parte importante de la experiencia de la soledad. Evaluación cognitiva: conciencia y definición de la soledad

A menudo nos resulta difícil definir con precisión la experiencia subjetiva (Gordon, 1981; Pennebaker, 1980) para determinar si una persona está realmente sola o para distinguir la soledad de otros estados psicológicos. Definir nuestra soledad es el resultado de un largo proceso cognitivo en el que reconocemos o entendemos nuestras experiencias personales únicas y las generalizamos en una categoría o concepto general. autodiagnóstico solitario

Las personas a menudo llegan a la conclusión de que "Me siento solo" utilizando pruebas emocionales, conductuales y cognitivas. Los signos de soledad emocional suelen ser vagos. La soledad es una experiencia emocional difícil: las personas extremadamente solas son muy infelices. Sin embargo, la experiencia emocional por sí sola no es suficiente para definir el sentimiento desagradable como soledad. Ninguna emoción está asociada con la soledad. Por ejemplo, Rubinstein y Schaefer identificaron cuatro conjuntos diferentes de emociones asociadas con la soledad. Aunque la experiencia de emociones negativas puede llevar a las personas a creer que "algo anda mal" en sus vidas, no conduce directamente a un autodiagnóstico de soledad, ni conduce a ninguna de las otras condiciones: depresión, exceso de trabajo o enfermedad física.

La evidencia conductual, al igual que la evidencia emocional, contribuye al autodiagnóstico de soledad, aunque es poco probable que agote el diagnóstico. Las personas tienden a identificarlo a través de una serie de rasgos de comportamiento, incluidos los bajos niveles de contacto social, la ruptura (descontinuación) de los vínculos establecidos o las interacciones sociales deficientes. Sin embargo, estar solo no es necesariamente sufrir de soledad. Se puedes ser feliz en reclusión. Si una persona es infeliz porque está sola todo el tiempo, el diagnóstico más probable en esta situación puede ser soledad.

Cuando las personas no tienen una explicación cognitiva para una situación, es menos probable que crean que están solas. Las medidas cognitivas de la soledad surgen claramente de la falta de un concepto actual de alguna forma de conexión social. La conciencia pública refleja la necesidad de una interacción más frecuente y estrecha entre los individuos, la sociedad y la idea de que mejorar las relaciones sociales puede reducir el sufrimiento personal. Las personas definen el estado de soledad en términos de todo un complejo de sentimientos, comportamientos y pensamientos, no como una sola característica dominante.

La soledad como modelo de disonancia cognitiva

Los modelos de disonancia cognitiva enfatizan la importancia de los procesos de pensamiento en la experiencia de la soledad. Los modelos cognitivos se centran en percepciones subjetivas y estereotipos de la experiencia de soledad sin negar que tiene componentes emocionales y conductuales. Los modelos de disonancia cognitiva definen la soledad como una reacción a la percepción de que las relaciones sociales de uno no cumplen con estándares internos específicos (Jong-Girveldde, 1978; Derlega & Margulis, 1982; Lopata, 1969; Perlman & Peplau, 1981). La soledad está influenciada no solo por las relaciones sociales reales de un individuo, sino también por los patrones o normas preferidos del individuo en las relaciones sociales. Por lo tanto, el modelo de disonancia analiza la soledad desde la perspectiva de un "introvertido", enfatizando cómo las personas solitarias perciben y evalúan su vida social, en lugar de como la evalúan los observadores externos.

Aunque dos personas pueden tener patrones de relaciones sociales "objetivamente" similares, uno de ellos puede sentirse solo mientras que el otro está satisfecho. El aumento o disminución de la soledad depende de cambios en los criterios subjetivos de relación de los individuos. Los criterios de las relaciones subjetivas se crean de dos maneras. Primero, las experiencias pasadas nos hacen pensar en las interacciones sociales que nos trajeron satisfacción y felicidad, y las que no. Entendemos nuestras necesidades sociales y cómo lograrlas.

Comparamos nuestras relaciones sociales con este estándar general o "punto de referencia" y nos molestamos cuando nuestra vida social real es peor de lo que solía ser. En segundo lugar, las comparaciones sociales tienden a afectar nuestra autoestima. Valoramos nuestras relaciones por comparación.

Las normas personales sobre las relaciones sociales no están firmemente establecidas y cambian con el tiempo. Estos cambios son el resultado de muchos factores. Primero, estos pueden ser cambios relacionados con la edad en las necesidades del individuo en las relaciones sociales. Sheehy ha demostrado que "muchas personas con carreras exitosas pueden jubilarse en la mediana edad… y darse el lujo de hacer amigos" (Sheehy, 1976). En segundo lugar, experiencias como la psicoterapia o la socialización en grupos con mayor autoconciencia hacen que la persona reevalúe la calidad de sus relaciones sociales y establezca nuevas metas que quiere alcanzar en las relaciones personales. Tercero, los procesos adaptativos contribuyen a la influencia del individuo en el patrón de relaciones sociales. Una persona con una vida social extremadamente satisfactoria y productiva esperará altos niveles de satisfacción en las relaciones. Por otro lado, según Weiss, si una persona experimenta la soledad durante mucho tiempo, puede "cambiar sus propios criterios de percepción de las circunstancias y las emociones, es decir: estos estándares se pueden cambiar radicalmente para que correspondan más plenamente con los estándares turbios.

"Estos son sólo algunos de los factores que alteran los estándares individuales de las relaciones sociales. Estos estándares pueden modificarse radicalmente para adaptarse mejor a las duras realidades" (Weiss, 1973). Las personas solteras deben considerar sus perspectivas futuras y metas para las relaciones sociales. Los estándares e ideas poco realistas sobre la amistad o la vida familiar pueden crear más dificultades (Lederer y Jackson, 1968).

La soledad puede aumentar la tendencia a formar estándares inexactos o distorsionados sobre las relaciones sociales. Temiendo que las comparaciones públicas revelen sus fracasos, los solteros ocultan su insatisfacción a los demás y evitan las conversaciones sociales. Como resultado, es posible que las personas solteras nunca sean conscientes de las dificultades sociales que enfrentan los demás y, por lo tanto, es incorrecto suponer que alguien no tiene problemas sociales. De acuerdo con los estándares sociales comparativos, las personas solteras pueden confiar completamente en los medios de comunicación como una de las fuentes probables de puntos de vista poco realistas sobre las relaciones sociales.

La reevaluación cognitiva no es una panacea para la soledad. Muchas personas solteras tienen estándares bastante "razonables" de relaciones sociales, que se derivan de sus necesidades sociales básicas y tienen en cuenta sus experiencias pasadas y normas culturales. Por lo tanto, no sorprende que algunos estudiantes respondieran cuando se les preguntó si superaron la soledad minimizando sus objetivos en las redes sociales. Para muchas personas, superar la soledad requiere mejorar las relaciones sociales, no cambiar las normas subjetivas.

Señales de la causa de la soledad.

Los juicios sobre nuestra inferioridad social y nuestro sufrimiento por la soledad rara vez se basan en la autoestima. Las personas solteras también quieren explicar por qué son infelices. Identificar la causa de la soledad ayuda a comprender esta difícil situación y es el primer paso para solucionar el problema. Un tema particularmente importante para las personas solteras puede ser la autoculpabilidad: ¿tengo la culpa de estar solo?

Interpretación personal de la soledad: Las explicaciones individuales de la soledad incluyen tres factores relacionados pero distintos. Primero, las personas solteras tienden a celebrar el evento que inicialmente los llevó a su soledad, como la ruptura de una relación romántica. En segundo lugar, en un intento de explicar la persistencia de la soledad durante un largo período de tiempo y la incapacidad para establecer relaciones sociales satisfactorias, se mencionan las causas persistentes de la soledad. A menudo, estas razones están relacionadas con los rasgos de personalidad (por ejemplo: tímido) o situación (por ejemplo, un entorno donde es difícil conocer gente nueva). Finalmente, las personas solitarias tienden a comprender la naturaleza de los cambios en las relaciones sociales que aliviarán su soledad. Estas decisiones predecibles podrían ser nuevos conocidos o más intimidad en una relación existente. El objetivo principal de la investigación que explica la soledad es explicar las causas a largo plazo de la soledad.

Consecuencias de las propiedades de causalidad

Las interpretaciones de la soledad pueden ser importantes para la perspectiva de la vida, el estado de ánimo y el comportamiento futuro de una persona.

La soledad es a menudo retratada por el pesimismo asociado, la impotencia (perspectiva cerrada). La soledad puede ir acompañada de muchas emociones. La teoría explicativa predice que las explicaciones "internas" y "rígidas" de la soledad indican depresión. Finalmente, las relaciones causales pueden influir en el comportamiento y las respuestas de individuos individuales.

Cada vez más estudios confirman la conexión entre las causas de la soledad y la respuesta a esta condición. La forma en que las personas responden a la soledad, ya sea que estén deprimidas u hostiles, se retiren pasivamente de ella o trabajen activamente para superar la condición, depende de su propia interpretación de la soledad.

Las personas solteras a menudo se sienten inútiles, incompetentes y no amadas. La baja autoestima conduce a la soledad.

Hay dos puntos de vista principales sobre cómo la autoestima afecta la soledad. Según la primera versión, la causa de la soledad es la autoalienación psicológica interna. Los defensores del segundo punto de vista argumentan que la baja autoestima va acompañada de un conjunto de actitudes y comportamientos que impiden una interacción social satisfactoria y, por lo tanto, crean condiciones para la soledad.

La soledad como auto-alienación

Los primeros estudios psicológicos sobre la soledad se centraron en el sentido de sí mismo del individuo sobre esta condición. Rogers (1961) consideró la soledad como la alienación de un individuo de sus verdaderos sentimientos internos. Argumenta que las personas, en busca de aprobación y amor, a menudo se alienan. Whitehorn apoya esta idea: "Algunas marcadas diferencias entre la autoconciencia y la respuesta al otro yo crean e intensifican el sentimiento de soledad; el proceso puede convertirse en un círculo vicioso de soledad y alienación" (Whitehorn, 1961).

Rogers y Whitehorn argumentaron que la soledad surge de la percepción individual de una discrepancia entre nuestro verdadero yo y cómo nos ven los demás. Algunos estudios han probado esta idea. Eddy (1961) planteó la hipótesis de que la soledad está relacionada con las diferencias en tres aspectos del autoconocimiento: el autoconocimiento de un individuo (yo real), el yo ideal de la personalidad y el concepto de personalidad de los demás. Cómo lo ven los demás. autoestima y habilidades sociales

La baja autoestima suele ser un conjunto de actitudes y comportamientos que interfieren en el establecimiento o mantenimiento de relaciones sociales satisfactorias. Las personas con baja autoestima interpretan las relaciones sociales como autodesprecio. Es más probable que atribuyan los fallos de comunicación a sus propios factores internos (Ickes y Layden, 1978). Las personas con baja autoestima esperan que los demás no piensen que la necesitan (Jones, 1982). Estos individuos son más sensibles a los rechazos de llamadas y comunicaciones (Berscheid & Walster, 1978). Los investigadores evaluaron experimentalmente la autoestima de las personas en situaciones extremas (invitar al contacto, rechazar el contacto) y descubrieron que las personas con baja autoestima aceptaban especialmente a amigos y parejas, y eran especialmente hostiles con quienes los rechazaban. Quizás lo más importante es que las personas con baja autoestima interpretan las interacciones sociales ambiguas de manera más negativa que las personas con alta autoestima (Jacobs, Berscheid y Walster, 1971).

La baja autoestima también puede afectar el comportamiento social de las personas. Según Zimbardo, "las personas con baja autoestima... Son más pasivos, más provocativos y menos acogedores. Estas personas son extremadamente sensibles a las críticas y las perciben como una confirmación de su baja autoestima. También tienen dificultad para recibir cumplidos" (Zinbardo, 1977). Las personas con baja autoestima son menos seguras socialmente, menos propensas a asumir riesgos sociales y, por lo tanto, menos propensas a formar nuevas relaciones o deteriorar las existentes. En algunos casos, la baja autoestima indica una evaluación inexacta de las habilidades de comunicación de una persona. Tanto las personas atractivas como las competentes son conscientes de sus defectos y se comportan de manera inapropiada (es decir, piensan mal de sí mismos). Pero en otros casos, la baja autoestima refleja una falta real de habilidades necesarias para construir o mantener relaciones sociales.

En general, la baja autoestima suele manifestarse como una serie de ideologías y comportamientos interrelacionados que distorsionan la competencia social y ponen a las personas en riesgo de soledad. La soledad es causa de baja autoestima

La soledad, especialmente si es una experiencia profunda y duradera, puede bajar la autoestima de una persona. El impacto de la soledad en la autoestima se amplifica aún más cuando la soledad se asocia con rasgos de personalidad y debilidades. Además, cuando un individuo se siente solo debido a la pérdida de una relación significativa, por divorcio o viudez, el individuo desarrolla un nuevo sentido de sí mismo, un nuevo yo "social" que reemplaza al anterior que se ha perdido.

Soledad causada por trastornos de la comunicación.

Estar sin un ser querido, amigo o familia es percibido por la sociedad y por nosotros mismos como un fracaso (Gordon, 1976). Milner escribió: "Decir 'Estoy solo' es admitir que eres inherentemente inferior y que nadie te ama" (Milner, 1975). La falta de conexiones sociales no es solo una desgracia personal, sino también un problema social. Según los estereotipos, las personas aisladas son "perdedores solitarios, fríos, antipáticos y poco atractivos" (Parmelee & Werner, 1978). Siempre es incómodo ser la única "persona sola" en un grupo de dos, comiendo solo en un restaurante o yendo solo al cine. En cualquier cultura social, no tener amigos o compañeros se considera un fracaso social. Una relación fallida menos obvia pero igualmente importante (un matrimonio fallido o una amistad antinatural) también puede verse como un fracaso social.

William James describió una vez la autoestima como "una partícula en la que el denominador es nuestra aprobación y el numerador nuestro éxito; por lo tanto, la autoestima = éxito/demanda" (James, 1908). Esta y otras definiciones similares del autoconcepto incongruente (Cohen, 1959; Wells & Marwell, 1976) enfatizan la relación entre los ideales o expectativas personales de las personas y su realización. Así, el sentimiento de incomunicación conduce a sentimientos de soledad y baja autoestima. La soledad y la baja autoestima están íntimamente relacionadas.

Encontrado al culpable de la soledad

Si, como sugieren James y otros, la autoestima depende de lo bien que se alcancen las metas, cualquier fracaso dañará nuestra autoestima. Sin embargo, en realidad, el efecto del fracaso en la autoestima está relacionado con la explicación de la persona de por qué ocurrió el fracaso.

En particular, los fracasos relacionados con la baja autoestima personal tuvieron un mayor efecto sobre la autoestima que los fracasos relacionados con las circunstancias. En un estudio sobre la conducta de logro, Weiner, Russell y Lerman (1978) encontraron que las emociones que acompañaban al fracaso variaban según la interpretación. La externalización del fracaso crea sentimientos de sorpresa y frustración que no tienen nada que ver con la autoestima. La falta de esfuerzo atribuida al fracaso lleva al individuo a sentir vergüenza y culpa, quizás porque podría haber logrado más si se hubiera esforzado más. El fracaso por falta de personalidad o habilidad se asocia con sentimientos de incompetencia e inferioridad; tales explicaciones son extremadamente dañinas para la autoestima. En un estudio que analizó específicamente la soledad, se pidió a los estudiantes que calificaran a una persona solitaria en función de una o más razones para sentirse solo. Cuando la soledad se atribuyó a causas internas en el experimento, las personas solitarias fueron vistas como egocéntricas, desagradables y de mente estrecha, y se asumió que tenían una autoestima más baja que si la soledad se atribuyera a causas externas. Anderson (1980) encontró evidencia de que muchos estudiantes solteros están dispuestos a adoptar un estilo de autoculparse para explicar sus resultados de comunicación, atribuyendo el fracaso a sus propios rasgos de personalidad o mala capacidad, y el éxito de la comunicación a circunstancias externas o fuera de control.

La tendencia a culparse por las fallas de comunicación también está influenciada por las opiniones de los extraños. Por ejemplo, Weiss (1975) sugirió que la autoacusación en personas divorciadas puede mejorar culpando y humillando al ex cónyuge. En términos generales, cuando las personas acusan a una persona de estar sola, sus sentimientos de inferioridad se confirman claramente.

El yo social

La autoimagen está determinada en gran medida por nuestras relaciones con los demás: con amigos, amantes, padres, hijos, vecinos, colegas. Los individuos y su comportamiento encajan en un determinado sistema de roles, que determina la estabilidad y funcionalidad de este sistema en su conjunto. Tanto la pérdida como la falta de conexiones sociales pueden afectar nuestra autoeducación. Perder a un ser querido por separación, divorcio o muerte a menudo requiere cambiar nuestra autoeducación. Weiss escribe: "Cuando termina la relación marital, la mayoría de los divorciados no pueden mantener su derecho a la autodeterminación porque carecen de un marco social" (Weiss, 1975). La viuda aparentemente también se pierde. Muchas de las mujeres solteras estudiadas por Parkes (1972) rechazaron inicialmente la idea de la viudez y no estaban dispuestas a renunciar a la preciada idea de sí mismas como esposas de un marido joven. Una consecuencia importante de perder una relación social importante a largo plazo es un cambio en la forma en que te ves a ti mismo. Estos cambios a menudo conducen a una baja autoestima, al menos inicialmente. La falta de conexiones sociales también tiene un impacto significativo en el autoconcepto. Muchos de nuestros planes de vida —casarse y vivir "felices para siempre", ser amigos fieles y amables, estar rodeados de nietos cariñosos en nuestros últimos años— requieren relaciones sociales.

Falta de apego cercano en la infancia

Perder una relación significativa es difícil a cualquier edad, pero para los niños pequeños estos eventos pueden tener consecuencias particularmente graves. En su análisis bastante inusual, Shaver y Rubenstein (1980) argumentaron que los niños privados de vínculos estrechos con sus padres forman modelos del mundo social y de sí mismos que afectan negativamente su autoestima y que un mayor ajuste (socialización) es perjudicial. Shaver y Rubinstein argumentan que los niños a menudo se culpan a sí mismos por la pérdida de un padre, especialmente cuando la pérdida es el resultado de un divorcio y no de la muerte. El nivel de madurez consciente de un niño en el momento del divorcio puede ser crítico. Los niños más pequeños tienden a ser egocéntricos y es más probable que crean que ellos causaron la ruptura. Como resultado, según Shaver y Rubinstein, su autoestima cae y comienza a formarse una visión pesimista de la cohesión social, que es difícil de superar. Como adultos, estas personas se sienten particularmente solas y continúan culpándose de sus dificultades sociales. Así, la pérdida prematura del apego puede dejar sentimientos de soledad e inferioridad.

Sentimientos relacionados con la soledad

En su investigación, Bragg (1979) proporcionó datos que vinculan la soledad y la depresión y continuó demostrando que la soledad no está necesariamente asociada con la depresión. Las personas solitarias y deprimidas tienden a expresar insatisfacción con los aspectos sociales y no sociales de sus vidas, mientras que las personas solitarias no deprimidas solo se preocupan por la insatisfacción social. Esto tiene sentido porque la depresión parece no tener una sino varias causas. Sin embargo, sería un error ignorar la transición rastreable de la soledad a la depresión. La pérdida de lazos sociales o la falta de lazos sociales, por lo que los individuos se culpan a sí mismos, sin duda conduce a la depresión; no es casualidad que la soledad y la depresión vayan de la mano.

Capítulo 2
Causas de la soledad

¿Cuál es la causa de la soledad? Hay muchas razones para el aislamiento social temporal o a largo plazo. Esto puede deberse a cambios inesperados en la vida o cambios repentinos en las circunstancias, como la muerte de un ser querido, divorcio, discapacidad, desempleo, epidemias, etc. Los adultos mayores, especialmente aquellos que enfrentan la muerte, la movilidad limitada y la inactividad laboral, tienen más probabilidades de experimentar este sentimiento de vacío interior.

Pero la soledad también es una cuestión de comportamiento y posicionamiento frente a los demás. Las actitudes negativas y la dificultad para estar cerca o mantener relaciones con los demás pueden explicar este sentimiento de soledad y aislamiento.

Soledad: de dónde vino y cómo volvió a pasar

Nadie quiere estar solo. Pero la soledad es un sentimiento útil: nos dice que se avecina un cambio. Es una invitación a pensar en nuevos rumbos y dar nuevos pasos. La soledad a menudo se asocia solo con pensamientos negativos, un sentimiento que nadie quiere. Las personas que se sienten solas a menudo se avergüenzan de ello, se ven a sí mismas como fracasadas y se retraen aún más. Pero la soledad no es solo un problema personal, es una cuestión social que afecta a todos. Los gobiernos ahora reconocen esto. El Reino Unido ya tiene un Ministerio para la Soledad y la amenaza de la soledad se está discutiendo en otros países.

Estudios científicos demuestran que la soledad no solo afecta a las personas mayores, puede ocurrir a cualquier edad. Mudarse a una ciudad extranjera, la separación de un compañero de vida o una enfermedad grave pueden ser la razón.

La soledad es relativamente común entre el grupo de edad de 26 a 35 años: el 14,8 por ciento de las 16 mil personas encuestadas en 2013 por los investigadores Mike Luhmann y Louise Hawkley. A esta edad, las amistades y las relaciones suelen ser inestables y poco fiables.

Las personas entre 66 y 75 años se sienten menos solas. En esta etapa de la vida, muchas personas cuentan con redes sociales confiables que les permiten perseguir sus intereses, establecerse e incluso ampliar su círculo social y amigos después de la jubilación.

Entre los mayores de 86 años, más del 20% de los encuestados se sentían solos. En esta etapa, los amigos cercanos o las parejas a menudo mueren y las limitaciones de salud dificultan la formación de nuevas relaciones.

Solo no significa estar aislado

Cuando se trata de soledad, es fácil evocar la imagen de una persona solitaria que está completamente aislada del mundo. La soledad es el completo aislamiento sin contacto social. Ciertamente es una forma de soledad, pero de ninguna manera es la única. La soledad puede ser difícil.

Por ejemplo, soledad y soltería no son sinónimos ni la misma palabra en cuanto a contenido. Muchas personas son muy buenas para estar solas sin sentirse solas.

También se aplica lo siguiente: La soledad no es una consecuencia de estar solo por largos períodos de tiempo. Están los que simplemente necesitan un descanso social, un período de reclusión, para ganar paz y tranquilidad y así obtener la fuerza para concentrarse completamente en sí mismos y en sus pensamientos.

La soledad, por otro lado, es un sentimiento negativo que se presenta cuando alguien se siente abandonado, aislado, rechazado y solo. Sin embargo, la soledad no significa necesariamente que alguien esté verdaderamente solo. Muchas personas se sienten muy solas a pesar o especialmente en presencia de multitudes e interacción social; como por ejemplo algunas personalidades del espectáculo, que, a pesar de tener millones de fans, carecen de una relación auténtica, y por ende, se sienten solos. Los sentimientos y pensamientos de soledad pueden surgir en una persona incluso en presencia de colegas o conocidos. Los afectados sienten que la soledad les carcome por dentro.

Pensamientos como:
• Nadie me habla.
• Nunca me invitaron a cenar.
• No le gusto a otras personas.
• Realmente no soy uno de ellos.
• No merezco ser parte del grupo.

Los niños aprenden de las buenas relaciones con sus padres. No existe una predisposición genética a la soledad, pero ciertos patrones sociales dentro de la familia contribuyen a su desarrollo. Si los padres no pueden modelar cómo funcionan las relaciones, también será más difícil para sus hijos aprender. Por ejemplo, si a mamá y papá no les gusta contestar el teléfono y nunca hablan con sus vecinos, sus hijos inicialmente apostarán por el aislamiento en lugar de la apertura.

En general, la niñez y la juventud son los principales factores de riesgo de la soledad. Un estudio de orfanatos realizado en la década de 1960 encontró que la falta de amor y atención primero hacía que los niños lloraran fuerte y luego, después de repetidos abandonos, se volvieran letárgicos y se comportaran mal. El hombre no puede existir sin amor.

La profesora de psicología Sonja Lippke dijo: "Una forma importante de combatir la soledad es desarrollar creencias básicas". "También es importante que los niños aprendan buenas relaciones de sus padres. Las actividades familiares diarias sirven como modelos a seguir". "Cuando los niños sienten que están siendo cuidados y comprendidos, también aprenden a desarrollar eso en sus relaciones, que sirve de base para construir amistades duraderas". Según el profesor. Lippke, desarrollar habilidades de exposición también es una tarea social que enfrentan las escuelas y las instituciones educativas.

La soledad es contagiosa

Esta es la conclusión de un estudio realizado en EE. UU. por el investigador principal y psicólogo de la Universidad de Chicago, John Cacioppo: cuanto más sola se siente una persona, más desconfiada responde a su entorno, hace menos amigos y no sale de casa. Esto lleva a que las amistades eventualmente se aparten del solitario, haciendo que este último se siente cada vez más aislado.

El factor decisivo para este efecto no es el sentimiento de soledad sino el comportamiento basado en el condicionamiento psicológico. Y cuando alguien se siente solo, es una cuestión de carácter.

La soledad promueve el aislamiento

Cacioppo también preguntó por qué las personas solteras son tan rápidamente aisladas y marginadas. La soledad puede manifestarse en la actividad cerebral y cambiar la forma en que pensamos y actuamos, explica.

Por ejemplo, las personas solitarias tienen regiones cerebrales particularmente activas responsables de amenazas y peligros. Cacioppo sugiere que esto se manifiesta en el comportamiento a través de la agresión y la negación. En otras palabras, si te muestras solitario, es muy difícil que le gustes a otras personas. En lugar de hacer algo al respecto, los que la padecen fomentan la soledad sin saberlo.

El aislamiento tiene consecuencias negativas

Cuando se trata de salud, los resultados de otro estudio realizado por Julianne Holt-Lunstad, psicóloga de la Universidad Brigham Young, son un poco más radicales. Holt-Lunstad ha estado explorando los temas de la soledad, la cohesión social y el aislamiento social durante muchos años.

"Existe una fuerte evidencia de que el aislamiento social y la soledad aumentan significativamente el riesgo de muerte prematura", dijo Holt-Lunstad. Sin embargo, es necesario distinguir claramente entre la soledad (autoseleccionada) y el aislamiento social impuesto por el exterior o provocado por el propio comportamiento.

La soledad te puede enfermar

La soledad es un grave factor de riesgo para la salud. Esto ha sido probado por evaluación científica. Aquellos que se sentían socialmente aislados tenían un riesgo mucho mayor de accidente cerebrovascular o cáncer. También hay una mayor posibilidad de un ataque al corazón, así como un mayor riesgo de muerte prematura. Situaciones que te hacen sentir solo.

Las circunstancias externas de la vida juegan un papel importante cuando se trata de la soledad. El desempleo y la discapacidad también pueden conducir al aislamiento social, no solo por las limitaciones financieras, sino también porque a menudo va acompañado de una pérdida de autoestima. Pero ninguno de los dos escenarios es desesperado. Hay muchas maneras de evitar la soledad. Tienen una cosa en común: comienzan con la decisión de actuar.

¿Cómo surge la soledad y quién es particularmente vulnerable?

Primero, la soledad no es una enfermedad sintomática. Básicamente, cualquiera puede sentirse solo, y mucha gente lo hace. La soledad a menudo ocurre después de un divorcio o la muerte de un ser querido. Sin embargo, las experiencias negativas en la vida cotidiana también pueden generar sentimientos de exclusión y aislamiento. Sin embargo, gran parte de esta soledad es transitoria, en marcado contraste con la soledad a largo plazo, que debe tomarse en serio. No importa cuán grande sea tu entorno personal, por ejemplo: si tienes muchos amigos, igual te sentirás solo. Por el contrario, no todos los que tienen pocos amigos se sienten solos. Una persona con poco contacto social puede estar completamente satisfecha.

Sin embargo, fuera de las amistades, las investigaciones muestran que las personas en pareja se sienten menos solas que las personas solteras. La asociación previene así la soledad. Sin embargo, también puede darse en las relaciones si no se satisface el deseo de intimidad y la necesidad de intercambio.

¿Qué tan peligrosa es la soledad para nuestra salud a largo plazo?

Los sentimientos constantes de soledad deben tomarse muy en serio, incluso en un entorno corporativo. Como se documenta en la literatura, el efecto sobre las personas que a menudo se sienten solas es cuestionable. Las causas de la soledad crónica, es decir, la insatisfacción crónica con las relaciones sociales, son difíciles de determinar.

Esta soledad realmente puede afectar el cuerpo. El sistema de estrés de las personas crónicamente solitarias es muy activo. Por lo tanto, todas las consecuencias relacionadas con el estrés son posibles. Por ejemplo, enfermedades cardiovasculares. También se observó que el cuadro sanguíneo cambia con la soledad crónica. Los llamados marcadores inflamatorios aparecían con mucha más frecuencia que en personas que no se sentían solas o lo estaban menos.

"El sistema de estrés de las personas crónicamente solitarias es muy activo". Además, las personas solteras tienden a llevar un estilo de vida poco saludable: a menudo son inactivas, propensas a la obesidad, beben y fuman. La soledad prolongada es tan dañina para la salud como fumar 15 cigarrillos al día, según un estudio. Las personas solteras también mueren temprano.

Motivos de soledad

Desafortunadamente, a medida que los padres envejecen, aquellos que han perdido a un familiar, amigo, parientea o pareja pueden hundirse en un abismo de verdadero aislamiento y soledad. La mejor manera de lidiar con esta situación es actuar temprano y tomar contramedidas. Otra fase particularmente fuerte de la soledad ocurre poco antes de los 30 años, quizás porque muchos pasan por un momento turbulento. Se completan los estudios o la educación, es posible cambiar de trabajo o incluso mudarse a otra ciudad. Tales cambios pueden conducir a la soledad, porque se abandona la antigua zona de confort.

El último pico de soledad ocurre alrededor de la mediana edad, alrededor de los 50 años, lo cual es característico de una verdadera crisis de la mediana edad. Ahora hay mucha evidencia científica de que ciertos pensamientos (erróneos) pueden causar y empeorar los sentimientos de soledad. La razón radica principalmente en la mente de las víctimas. Por lo tanto, la soledad no puede atribuirse a factores externos como la falta de amigos. El problema suele ser más profundo y se deriva de una actitud que se deriva de la falta de confianza en sí mismo y la baja autoestima. Por ejemplo, ¿piensas...

• No estoy bien.
• Seré rechazado de todos modos.
• No tengo un amigo.
• No pertenezco a ninguna parte.
• Los demás pueden encontrarme poco atractivo o aburrido.
• Necesito una pareja para ser feliz.

Cuantas más dudas y pensamientos negativos, más solo y peor la influencia. Pero todos se sienten solos, aislados, sin amor o rechazados por su entorno. De hecho, casi todo el mundo experimenta períodos de soledad de vez en cuando. Sin embargo, siempre hay que distinguir qué tipo de soledad es.

La soledad es un proceso gradual que puede llevar mucho tiempo. Las situaciones de emergencia se pueden mejorar si se detectan a tiempo. Idealmente, esto debe hacerse antes de que comience la Fase 2. Entonces, antes de que el sentimiento del mercado pueda estabilizarse a largo plazo y comenzar una espiral descendente.

Capítulo 3
soledad en el ámbito laboral

Ya lo hemos dicho, la soledad no tiene nada que ver con la presencia o ausencia de otras personas. La soledad describe sentimientos de vacío, rechazo, falta de atención y aprecio. Por lo tanto, es posible sentirse solo en oficinas y equipos ocupados, una triste realidad para muchos trabajadores. Este sentimiento puede abrumar a cualquiera de vez en cuando. Pero cuando la soledad en el trabajo se vuelve crónica, se necesitan contramedidas. John T. Cacioppo, director del Centro de Neurociencia Cognitiva y Social de Chicago, también enfatizó la diferencia entre soledad y aislamiento.

"Las personas que terminan solas no están haciendo nada malo. No podemos evitar sentirnos aislados más de lo que podemos evitar el hambre o el dolor".

Todos experimentan la soledad en algún momento de sus vidas, y muchos también pueden experimentarla en el trabajo. Esto en sí mismo no es algo malo, pues en algunos casos la soledad también puede prevenir problemas, grandes cambios o decepciones.

La investigación sobre este tema divide la soledad en dos fases:

1) Soledad pasajera o transitoria
La mayoría de la gente se siente así tarde o temprano. Es completamente normal sentirse solo y aislado, especialmente después de un gran cambio, pérdida o

decepción. Pero a medida que los sentimientos fuertes se calman y la persona se adapta a la nueva situación, este sentimiento de soledad también desaparece.

Esta etapa suele ir acompañada de una soledad temporal. La soledad ha disminuido, pero nunca ha desaparecido por completo. Gradualmente, los afectados desarrollan una tendencia a alejarse de los demás. Cada vez perciben más el comportamiento de otras personas como rechazo, incluso cuando no lo es.

2) Soledad crónica

El sentimiento de soledad y aislamiento (en casi todos los casos) se convierte en una condición permanente que acompaña a las víctimas. Puede ser específico para una situación, entorno y contexto específicos, o puede afectar todas las áreas de la vida. En el último caso, la soledad crónica y generalizada puede estar asociada o conducir a enfermedades mentales como la depresión.

El aislamiento y la soledad crónica crean problemas a largo plazo que deben abordarse mediante contramedidas específicas. El primer paso es analizar qué y por qué te sientes solo.

Los empleados afectados siempre deben tener claro que esto no es un error y que están más allá de la culpa. La soledad es un sentimiento completamente normal.

¿Por qué los líderes deben tomar en serio la soledad?

A primera vista, puede parecer que la soledad en el trabajo es un problema entre empleados individuales o incluso entre colegas. Pero los gerentes y las empresas deben tomar en serio la soledad crónica. Un estudio exhaustivo realizado por Julianne Holt-Lunstad de la Universidad Brigham Young de Utah y sus colegas sugiere que la soledad no solo puede ser una carga, sino que también puede causar enfermedades.

Una revisión de 148 estudios mostró un vínculo claro entre la soledad, la falta de conexiones sociales, y el aumento de enfermedades. Investigaciones anteriores también han demostrado que la soledad es contagiosa de alguna manera y afecta negativamente el comportamiento de otros empleados.

Por lo tanto, los gerentes deben tratar de identificar la soledad a la que los empleados se dan por vencidos, incluso antes de que se convierta en una soledad crónica. Algunas preguntas que pueden ayudar:

• ¿Tienen los empleados individuales un contacto mínimo con sus colegas?
• ¿Hay empleados que nunca interactúan y siempre se van?
• ¿Algunos empleados siempre almuerzan solos?
• ¿Qué empleados nunca participan en las actividades del equipo?

Ninguno de estos aspectos por sí solo es un indicador fiable de la soledad de los empleados. Sin embargo, si las señales aumentan, los gerentes deben continuar sutilmente la conversación o trabajar para crear un mejor clima de trabajo general y un alto nivel de cohesión en el equipo.

Algunas personas optan por trabajar solas para llevar deliberadamente una vida (laboral) aislada, por ejemplo, los guardias nocturnos.

Por otro lado, quien no busca la soledad en el trabajo, sino que la experimenta, está insatisfecho con la interacción social existente y siente una carencia.

Es importante averiguar el origen de este defecto. Entre otras cosas, esto se debe a nuestro mundo laboral moderno y la constante necesidad de flexibilidad.

El hombre es un ser social, pero siempre hay rupturas en la estructura social, o se derriban áreas urbanas desarrolladas, o los trabajadores tienen que cambiar más a menudo de lugar de residencia por falta de previsión, todo esto se suma a la necesidad de buscar nuevos socios o vecinos.

Consejos para combatir la soledad en el trabajo

Los introvertidos tienden a sentirse solos en el trabajo, pero esto se debe solo en parte a su comportamiento retraído y mayormente tranquilo.

A menudo, los mitos generalizados dificultan la vida de los introvertidos. También incluye malentendidos. Un comportamiento tranquilo a menudo se malinterpreta como timidez. Sin embargo, además de las tendencias introvertidas, la soledad también puede ser provocada por la falta de confianza en uno mismo, la falta de temas de conversación, el desagrado personal, los celos por el buen desempeño o la falta de interés entre los compañeros. El problema: si los empleados se sienten solos en el trabajo, también puede afectar sus percepciones. Luego interpretan el comportamiento en su mayoría inofensivo como una señal de rechazo.

Pero una vez que los empleados han identificado quién y por qué se sienten solos en el primer paso, se deben tomar medidas. Algunas de las contramedidas que se pueden implementar son:

1) chatear con colegas

En muchas oficinas y colectivos de trabajo, los compañeros van a almorzar en masa. Los forasteros y los trabajadores que se sienten solos rara vez o nunca participan en tales actividades sociales. Si esta descripción le suena familiar, debería deshacerte de tu sombra y hablar con tus colegas. Se sorprenderá de lo fácil que puede tomar un descanso para almorzar.

2) Contribución positiva

La falta de afecto por los compañeros también puede deberse a una falta de compromiso por tu parte. No se trata de culparte a ti mismo, se trata de cómo cambiar tu comportamiento. Agregue temas relevantes para discusiones futuras y participe activamente en la conversación. Si repite esto con frecuencia, su conexión con sus colegas mejorará rápidamente.

3) Ganar autoestima

Esta estrategia no es fácil de implementar. Algunos empleados no solo se sienten excluidos, sino que a menudo están inconscientemente separados de sus colegas. La razón suele ser la falta de autoestima, la confianza en las propias capacidades. En este caso, concéntrese en sus fortalezas y éxitos, preferiblemente a través de la escritura de un libro personal, donde practicará sus habilidades sociales.

4) Expresar gratitud.

Suena contradictorio, pero la soledad también se puede superar a través de la gratitud y el aprecio. El aprecio se aplica no solo a tus habilidades, sino también a tus compañeros, jefe y equipo de trabajo. Al principio, puede ser difícil para ti expresar gratitud a tus colegas porque te rechazan en su percepción. Pero si miras conscientemente tu trabajo y situación, también reconocerás lo positivo.

5) Síguelos y di gracias

Esto automáticamente hará que su comportamiento sea más abierto y usted mismo encontrará contactos. Una cualidad es importante en todas las estrategias: la paciencia. Tanto las actitudes como el cambio de comportamiento toman tiempo, y el nuevo comportamiento afectará gradualmente a sus colegas.

Soledad en la cima: grande pero sorda

Con cada ascenso, el aire se vuelve más delgado. Al igual que con los escaladores, también con los líderes. Ser capaz de tomar decisiones te hace sentir solo. Es cierto: la soledad proverbial en la cima existe. Cuanto más grande es la empresa, más delgado es el aire y, por lo general, más frío se vuelve. Entonces crece la distancia entre los empleados y crece la desconfianza hacia la "gente de arriba". ¡Peligroso!y se debe a la falta de retroalimentación. El resultado: malos juicios, malas decisiones y pérdida de control... La soledad proverbial en la parte superior actúa como un veneno progresivo que se propaga lentamente por toda la empresa, intoxicando finalmente el ambiente de trabajo y reduciendo gradualmente la productividad y la creatividad. ¿Pero es el destino? ¡no debería ser! Como aspirante a gerente o en crecimiento, la estrechez de miras ciertamente se puede prevenir solicitando y alentando una retroalimentación honesta y crítica desde abajo.

¿Qué tiene que ver el liderazgo con la soledad? Entonces, ¿qué hace a un verdadero líder? El crítico literario estadounidense y ex profesor de Yale William Deresiewicz ve una cosa en un verdadero líder por encima de todo: un pensador independiente, flexible y creativo. Según su investigación, estos auténticos líderes dominan idealmente tres disciplinas importantes:

Pensamiento independiente. Cualquiera que se adhiera constantemente al pensamiento consensuado en su entorno social permanecerá oculto a nuevos enfoques e ideas innovadoras. Sin embargo, el pensamiento independiente requiere el coraje de defender el punto de vista de uno contra la oposición externa y la voluntad de cuestionarse y corregirse a uno mismo.

Concentración. A la larga, la multitarea mata las habilidades de pensamiento. Solo tienes que decidir: o hacer diez cosas más, o hacer una bien. Cualquiera que se distraiga constantemente de recopilar una gran cantidad de información, pero que solo la implemente superficialmente, eventualmente perderá frente a alguien que se concentre en solo una.

Pensamiento intensivo. Por lo tanto, pensar requiere mucho tiempo. La primera idea de estos gerentes rara vez es la mejor, solo la más cercana. Las ideas realmente buenas toman tiempo, innumerables replanteamientos, actualizaciones y expansiones e inspiración. En particular, los nuevos enfoques no surgen de la noche a la mañana.

Como te habrás dado cuenta, ninguna de estas tres categorías se puede implementar fácilmente en el mundo profesional. Entonces, según Deresevich, el vínculo entre el liderazgo y la soledad (espiritual) explica por qué tan pocas personas se convierten en líderes "reales": porque es un camino incómodo y difícil. Es probable que las decisiones complejas las tome una sola persona. La soledad proverbial en la cima no es una ilusión.

Soledad en la cima: ¿tienes oídos?

"No tengo problema con las críticas, pero me tienen que gustar". Una cita maravillosamente cínica de Mark Twain. Pero por momentos parece que muchos directivos se han adaptado a ella voluntariamente, solo que sin cinismo. Los expertos en gestión se refieren a los comentarios filtrados de la alta dirección como el "piso superior": una burbuja de filtro donde los gerentes solo escuchan lo que les gusta escuchar y quieren lo que siempre han tenido porque los empleados dicen que les gusta.

Pero si solo obtienes buenos comentarios, no solo te estás cocinando mentalmente en tu propio jugo, sino que también estás socavando la base para cualquier corrección. Tal jefe solo tiene una forma de saber lo que su equipo está pensando realmente: leer la mente.

La siguiente lista es relevante: contiene pensamientos que los empleados nunca se dirán a la cara, pero que pueden estar en sus mentes. Nos abstenemos de insultos duros y acusaciones sin fundamento. En su lugar, nos centraremos en lo que se puede cambiar si se desea:

• **"Nuestro antiguo jefe lo mejoró todo**". Eso sí, no imites a tus predecesores. Pero habla con tu equipo sobre el pasado, lo bueno y lo malo. Copia lo bueno y elimina lo malo, así que no tengas miedo de comparar.

• **"Usted se esconde en su oficina".** Lo que preguntes a tus compañeros, debes difundirlo tú mismo. La diligencia, la puntualidad y la disposición al sacrificio son excelentes ejemplos de virtudes que merecen elogios.

• **"Sus comentarios incompletos no son útiles en absoluto".** Brinde retroalimentación constructiva regularmente para reconocer logros especiales y llamar la atención en lugar de dejar que las cosas sigan su curso.

• **"Aunque creas que eres el más grande: no eres infalible"** No hay vergüenza en admitir errores frente a todo el equipo. Al hacer esto, no muestras debilidad, sino coraje y responsabilidad.

• **"Aquí mi potencial es completamente incomprendido".** Es una frase en la que suelen pensar la mayoría de los trabajadores silenciosos. Preste atención no solo a los altavoces de su apartamento, sino también a los altavoces que deben estar en silencio.

• **"Te comportas como una estrella de cine".** Los jefes, especialmente los jóvenes o recién ascendidos, a menudo hacen alarde de trajes elegantes y autos caros. Puede permitírselo, pero no se lo restriegue a sus empleados.

• **"Según mi propuesta, no tendremos demasiados problemas".** Haga un seguimiento de las mejoras sugeridas por su equipo. Las diferentes perspectivas a menudo conducen a soluciones perfectas que nunca podría haber encontrado por su cuenta.

• **"Somos amigos y me puedo permitir cometer errores".** Su estilo de liderazgo lo convierte en un jefe más que en un amigo.

• **"Al final del día, no eres tan bueno como yo..."**
No dé la impresión de que su trabajo se trata de grandes charlas. Infórmese, haga su trabajo diario: así es como se gana el respeto.

• **"Siempre compruebas de qué lado sopla el viento en el tablero de ajedrez".** Fomente los intereses de su equipo en lugar de estar siempre agazapado frente a la dirección de la empresa. Nota importante: Por supuesto, el equipo debe ser consciente de su compromiso para poder apreciarlo.

• **"La forma en que tratas a las mujeres (hombres) es tan injusta"**. El sexismo realmente no tiene cabida en la oficina. Esto funciona en ambos sentidos y también se aplica a los detalles finos.

• **"Siempre prefieres a tu preferido..."** Nadie es inmune a la empatía y al efecto halo. A los buenos jefes no les molestan esas cosas y conocen las fortalezas de los empleados no amados.

• **"¿Por qué siempre me pones en equipos llenos de fanáticos?"** Reunir el equipo adecuado es un arte. Observe quién se lleva especialmente bien con quién y quién no. Además, los individualistas no deben verse obligados a formar equipos.

• **"Eres una máquina de trabajo antipática"**. Las habilidades blandas son cada vez más importantes. Con un poco de conversación y un poco de interés personal, puedes ganar puntos de simpatía que garantizan el apoyo de tu equipo.

• **"Si el proyecto falla, nunca te responsabilizas"**. Los entrenadores de fútbol también se clasifican en la canasta de los fanáticos después de una derrota, no solo después de una victoria por 5-0. Aquellos que disfrutan del aplauso también deben soportar el insulto.

• **"Todo esto es sólo un trampolín para ti".** Aunque tu empleado te encuentre aquí: no dejes que te lo demuestre. Tu enfoque (al menos exteriormente) debe estar con tu trabajo actual, incluso si ya está buscando uno mejor.

• **"Sólo se ve el equipo, nunca el individuo".** Trate de no culpar a todo el colectivo por los errores de los empleados individuales. También importante: reconocer adecuadamente los logros personales extraordinarios.

• **"¿A dónde vamos? Tu objetivo es demasiado vago"** Discuta las metas clara y detalladamente. Si no les das una dirección específica, todos se encontrarán en el último piso.

• **"El estrés innecesario no facilita el trabajo"** No pierdas el tiempo con los plazos. Pase el mayor tiempo posible trabajando en lugar de convertir la oficina en una sala de estrés.

• **"Eres incomprensible".** Sea consistente en sus acciones. El comportamiento de mal humor puede molestar a sus empleados. Incluso después de las conferencias y seminarios revolucionarios, no olvides tu comportamiento anterior por la noche.

• **"No te importa mi desarrollo en absoluto".** Forme a sus empleados, interésese por sus objetivos y planes, y le recompensarán con una lealtad honesta.

Independencia mental: Retención de la autonomía

La independencia, sin duda, muestra la confianza en sí mismo y la fortaleza mental de una persona que es capaz de mantenerse al margen de las opiniones de los demás. Estas personas saben quiénes son, qué pueden hacer y qué quieren. Las opiniones de otras personas son útiles para ellos en el mejor de los casos, pero no para los expertos. Ellos hacen lo suyo y viven sus propias vidas. La actitud es la clave del éxito. Por un lado. Pero la independencia intelectual también puede ser muy abrumadora. Al menos deberías ser consciente de eso. La independencia es libertad, pero tiene un precio

Definición de Independencia: ¿Qué significa? La palabra independencia tiene diferentes significados y valores según el contexto. Por ejemplo, en términos políticos y constitucionales, independencia es sinónimo de autogobierno o soberanía, por lo que al jefe de Estado también se le denomina soberano en sentido absolutista. En términos humanos, la independencia puede significar que uno maneja su vida sin la ayuda de otros. Influir en las discusiones no es fácil. O te has convertido en autónomo para poder hacer tu trabajo como mejor te parezca, independientemente de las reglas de tu jefe.

La independencia también puede significar estar libre de la influencia de los demás. No hay socios, hijos, o cualquier persona de la que sean responsables. En este sentido, la independencia significa que alguien no tiene que pensar en los demás y puede tomar sus propias decisiones sin ser controlado. A menudo, el sueño de un niño es: cuando crezca, ¡solo podrá hacer lo que quiera! Por supuesto, en el camino hacia la edad adulta, a veces nos damos cuenta de que estamos sujetos a ciertas reglas y restricciones.

La idea de tener control absoluto sobre tu vida es una ilusión. Los seres humanos son criaturas sociales que a menudo buscan la intimidad con los demás. Pero, aun así, mucho depende de la buena voluntad de la sociedad en cuanto a las normas de entrada o los permisos de residencia y trabajo.

La personalidad determina el grado de independencia

Cuán independiente (especialmente: mentalmente) es una persona depende en última instancia de la personalidad. Influenciado por las experiencias de la infancia y las experiencias de los padres, pero también, por supuesto, de los adultos. Las personas que carecen de confianza siempre buscarán personas que les hagan sentir que saben a dónde ir. Por supuesto, esto crea problemas: dependencia emocional y vulnerabilidad en la relación. Incluso en el frente social, tiene consecuencias.

La democracia está interesada en ciudadanos responsables que no son fácilmente persuadidos para gobernar, pero cuyas convicciones son fuertes y no están sujetas a manipulación. Cuanto más independiente es una persona, más flexibles son sus acciones. En lugar de esperar la aprobación de los demás, toma tus propias decisiones. Por eso estas personas prefieren trabajar solas en una habitación tranquila que, en equipo, no es porque no puedan.

Los equipos a menudo están atados a compromisos, lo que retrasa la toma de decisiones y la implementación. Cualquiera que se haya cuidado adecuadamente también obtendrá resultados más rápidos.

Muchos empleados entienden la independencia como la libertad del jefe. Muchas personas se sienten incómodas con un espacio de toma de decisiones estrecho; En particular, se dice que la Generación Y quiere más poder de decisión. Sobre todo, porque muchos trabajadores más jóvenes tienen una relación con la jerarquía diferente a la de los baby boomers. El pensamiento jerárquico de arriba hacia abajo aún prevalece allí, proporcionando solo una dirección de toma de decisiones, de arriba hacia abajo, incluida la corrección inherente.

Las generaciones Y y Z les dan menos importancia a estos procesos estándar (ofrecer sugerencias o críticas), especialmente porque hacen que las empresas sean extremadamente inflexibles. Los empresarios también son conscientes de ello. Como resultado, ha surgido un movimiento en los Estados Unidos para hacer que los trabajadores sean más independientes: la posición de intraemprendedor.

Se basa en el deseo de perseguir objetivos e implementar ideas de forma independiente, sin seguir el camino "oficial" cada vez. Por supuesto, la autosuficiencia de la empresa tiene un precio: como intraemprendedor, los laureles de tu parte se transferirán a la empresa después del éxito.

A su vez, disfruta de un mayor nivel de seguridad que cuando inicia su propio negocio. Resulta que la idea de una bala muerta no te llevará al borde de la supervivencia. Si falla, a lo sumo pierde esta posición de liderazgo y vuelve a ser un empleado ordinario. Desde este punto de vista, este puesto es el compromiso perfecto para los empleados que desean más libertad, pero al mismo tiempo no quieren perder la seguridad que brinda la empresa.

Autonomía psicológica: características del éxito y la debilidad

Aunque la autonomía, la soberanía espiritual, la independencia personal, la independencia económica y la autodeterminación son deseables, también tienen desventajas:

Pueden alejar a los que no son espiritualmente fuertes o hacerlos huir. Muchas personas fuertes son capaces de encogerse: todos los demás a su alrededor se sienten muy pequeños, débiles, impotentes.

A continuación se presentan los rasgos de una independencia mental exitosa. Como todas las medallas, también tienen un efecto disuasorio secundario. Lo que es mejor para el crecimiento profesional y personal puede convertirse en una barrera entre las personas. Albert Einstein reconoció que no hay nada en el mundo más aterrador que la influencia de una persona mentalmente independiente.

Autocontrol y control externo: Nos movemos constantemente entre estos dos polos. Aquellos que están más controlados externamente tienden a unirse a otros, buscar aliados o seguir a sus contemporáneos prominentes. Pero esto no significa que aquellos que tienen un modelo a seguir sean automáticamente controlados por el mundo exterior. Estos ídolos también sirven como pasamanos y ayudas de orientación, lo que te permite crear tu propio camino.

Conocer tu identidad es aún más importante para el pensamiento independiente: sé quién soy, qué puedo hacer y qué quiero. Quien se conoce, se ama y confía en sí mismo alcanza la independencia intelectual y es capaz de resistir los intentos de control y las tentaciones externas. Tiene una especie de brújula interna y así mantiene su autonomía. Hay dos formas de leer los siguientes párrafos: puedes compararlos con tus propias acciones y concluir que son correctos. O puede pensar en estos siete puntos como una guía para una mayor independencia.

• **Estar muy concentrado**. El enfoque es un factor clave en la carrera y el éxito. Conocer sus objetivos y trabajar para alcanzarlos de manera constante y enfocada puede energizarlo y evitar que (como muchos otros) se atasque o se desoriente. Estas personas enfocadas no solo son extremadamente persistentes y obstinadas, sino que no pueden ser distraídas o disuadidas. Técnicamente, esta propiedad también se conoce como testamento. Sin embargo, la desventaja es que todo lo que no conduce a un objetivo personal suele ser brutalmente derribado.

• **Saben decir no.** A todo el mundo le gusta un colega que es agradable, servicial y nunca dice que no. Porque te hacen la vida más fácil, especialmente la tuya. Pero si aprende a establecer límites de vez en cuando, llegará muy lejos. Esto también es un tipo de enfoque. Sin embargo, esto puede ofender a algunas personas que buscan consejo o ayuda. El truco consiste en reconocer cuándo un "no" (benigno) es mejor.

• **Eres ambicioso.** El statu quo no tiene nada que ver contigo. Quieres desarrollarte, superar tus límites, aprender cosas nuevas, aceptar retos. La ambición hace brillar muchas carreras. Pero también pueden destruir a las personas. Está bien que todos sean demasiado ambiciosos en algún momento, hasta cierto punto. Si buscas el éxito a toda costa, cueste lo que cueste, te puede pasar como Ícaro, para quien su ambición de volar hacia el sol sólo trajo destrucción.

• **Eres selectivo con tus amigos.** El conocimiento de la gente es poder. También es aconsejable evitar a las personas negativas y desafortunadas. Las personas particularmente útiles, extrovertidas y exitosas seguirán atrayendo a estas personas tóxicas. ¡peligroso! Aquellos que se permiten ser emocionalmente inestables y profundamente insatisfechos están tomando un riesgo. Actúan como refuerzos negativos, amplificando cualquier cosa que pueda estar frenándote y desequilibrando a todos los involucrados. Pero también hay un inconveniente: ser tan quisquilloso también puede hacerte sentir solo. Nadie es perfecto.

• **Eres un optimista realista.** Esto significa: ante todo, ver oportunidades incluso en los fracasos. Al mismo tiempo, uno no mira hacia el futuro con anteojos color de rosa. El optimismo realista describe una actitud de confianza razonable: sobrio, no deprimido. Detrás está la creencia de que las cosas saldrán bien porque pueden. Esta configuración proporciona una gran brújula. Pero algunas personas simplemente no pueden meterse debajo de la piel: ven el riesgo por encima de todo, se preocupan por las preocupaciones y cierran los ojos a las oportunidades. Para ellos, el optimista realista parece poco realista y más como Rambo.

• **Puedes manejar dinero.** Básicamente, no se trata de dinero en este momento, se trata de fuerza de voluntad. No cedes fácilmente a tentaciones temporales, ya sea de compras, comida o sexo. Jean-Jacques Rousseau dijo una vez: "La independencia y la libertad de un hombre no dependen tanto de la fuerza de sus manos como de su temperamento interior". Tómatelo con calma con las facturas. El resultado: opera mejor en general y gana más riqueza con el tiempo. Malo: Otros aprecian la prosperidad y la libertad económica creadas y se apresuran a quitarle todo el crédito social al trabajo del yuppie. No todo el mundo puede darse el gusto.

• **Puede hacerlo solo.** Los seres humanos son criaturas sociales y ser sociables es una buena cualidad. Pero esto no significa que siempre se deba seguir a esas personas, al contrario: las personas espiritualmente independientes obtienen una gran fuerza al estar solas consigo mismas. Ya sea a través de la meditación, largas caminatas o diálogo interior. Estos descansos no solo son relajantes, sino que también te ayudan a ver con más claridad y organizar tus pensamientos. Quien la abandona también abandona la comunidad. Algunos grupos expresan confusión acerca de esta liberación, incluso experimentan la presión de los compañeros y, en el peor de los casos, excluyen a los bichos raros para siempre. También se puede decir: Las personas con las siete cualidades anteriores tienen una vida placentera, paz interior, motivación profunda y satisfacción interior. El filósofo y ensayista Ralph Waldo Emerson escribió en ese momento:

"En este mundo es fácil seguir la opinión de otro, como fácil seguir a otro en la soledad; pero un gran hombre está en la multitud y mantiene con calma la independencia que ha adquirido en la soledad.

"La sabiduría de un maestro zen" dice:

Había una vez dos monjes. Cuando llegaron al río, vieron a una mujer joven con un hermoso vestido. Ella también quería cruzar el río. Pero fue tan profundo que arruinó su ropa. Un monje se acercó a la mujer sin dudarlo, la cargó sobre sus hombros y vadeó el río. Cuando llegaron a la otra orilla la posó en el suelo. Cuando el otro monje también hubo vadeado en el agua, los dos continuaron su viaje.

Pero después de aproximadamente una hora, el otro monje se enojó: "¿Sabes que no podemos tener un contacto tan íntimo con las mujeres? ¡No deberías haber ayudado a esa mujer!" El primer monje escuchó pacientemente las críticas y respondió: "Me deshice de mis estereotipos con esa mujer hace una hora. ¿Por qué todavía tú los llevas? "

Definición del efecto Obélix: observación e independencia

El significado de este fenómeno social tiene una explicación sencilla: el "efecto Obelix" lleva el nombre del galo del mismo nombre en la caricatura de Asterix, que siempre mira con envidia mientras sus amigos se fortalecen con pociones mientras que él no obtiene nada.

Aplicada a la vida diaria de la oficina, esta definición significa: cualquiera cuyos compañeros de trabajo nunca le pregunten si quiere almorzar con ellos. Resumen: Las personas afectadas están solas durante el almuerzo y deben pasar sus descansos solos viendo a otros comer y beber juntos. Así, el efecto Obélix también puede ser una forma de intimidación o incluso de mando. Las pausas para el almuerzo muestran estatus y simpatía.

Seamos realistas: el mediodía no se trata solo de regímenes de ejercicio y suplementos vitamínicos que se toman con alimentos. Son un acto público:

• ¿Quién está cenando con quién?
• ¿A quién halagan en la cena?
• ¿No con qué?
• ¿Quién dirige el grupo?
• ¿Quién está siendo elogiado?
• ¿Quién puede llegar tarde, pero todos le dan la bienvenida?

Porque comer juntos es un importante rompehielos. En realidad, es algo muy personal: nuestro consumo vital de alimentos. Pero aquellos que cenan con otros invitan a su compañía a participar en este evento tan especial. Crea conexión con los demás y, lo que es más importante, confianza.

Marinado de pescado con risotto y ensalada de la huerta, hablar del buen tiempo y descubrir que a la otra persona le gusta andar en bicicleta tanto como a ti también tiene un efecto positivo en la colaboración profesional. Además, la comida sabe el doble de rica cuando se come en compañía. Como han podido demostrar los científicos sociales, esto conduce a la liberación de hormonas felices. ¡No seas marginado!

Si tú mismo te has visto afectado por el efecto Obelix, puedes quejarte del rechazo habitual y sentir pena por ti mismo (como Obelix), o puedes hacer algo positivo. No es difícil en absoluto. En lugar de esperar (por falso orgullo) a que los compañeros te lleven a almorzar o te inviten a un descanso, ¡invítalos tú mismo! No tiene que ser todo el grupo al que desea pertenecer. Comience con un grupo pequeño, no más de uno o dos empleados a los que les guste conversar durante una comida. Aproveche para hablar, pero lo más importante, ábrete para ganar confianza y sentirte más cómodo. Con el tiempo, los colegas te invitarán o te llevarán con ellos en los descansos. Beber una poción como Obelix no es una cita espeluznante.

3 buenas razones para invitar a otros a cenar

Usa el efecto rompehielos para invitar a almorzar a alguien más si no has sido invitado:

¿Eres nuevo en la empresa? Así que todavía te estás ajustando. No conoces bien a tus colegas. Pasar la hora del almuerzo con otras personas lo ayudará a integrarse más rápido en el equipo. No tengas miedo de decirlo. ¿Tienes nuevos clientes? En ese caso, aún no está familiarizado con los deseos y requisitos del cliente. Los clientes no saben cómo trabajas y si pueden confiar en ti. Comer juntos puede ayudarlos a descubrir si se gustan y cuáles son sus motivaciones. Entonces también es más fácil levantar el teléfono si algo sale mal.

¿Tienes conflictos con tus compañeros? Hizo un comentario estúpido o no cumplió con una fecha límite. Los colegas tienen que pagar por ti. Ahora estás enojado. Las invitaciones a cenar (que usted paga) pueden ayudarlo a dejar de fumar. Porque un estudio de psicólogos de la Universidad Humboldt de Berlín demuestra que comer juntos puede ser relajante y tranquilizador. Después del experimento del almuerzo, el control cognitivo de los sujetos disminuyó significativamente, lo que significó que los sujetos se volvieron más relajados y descuidados y se tomaron sus errores con menos seriedad.

Capítulo 4
Superar la soledad

La soledad crónica se puede manejar aceptando y eligiendo estar solo por un día, una semana o un mes. Ir solo al parque a almorzar, ir solo al cine, salir a caminar solo, etc.

Aprender a estar solo también puede ayudarlo a comprender el miedo a estar solo y darse cuenta de que a veces estar solo puede ser bueno. En tu vida diaria, trata de crear interacciones sociales con los empresarios, vecinos o compañeros que conozcas. Aproveche las oportunidades que le permitan conectarse: una comida, una bebida en el patio, compañerismo, un evento grupal, etc. Si tu soledad está implantada y sientes que tus relaciones con los demás son difíciles, no dudes en consultar a un terapeuta que pueda ayudarte a comprender los motivos de tu malestar.
Del mismo modo, si se siente solo debido a un accidente o un cambio repentino en su vida, la ayuda de un terapeuta puede ser de gran ayuda para superar este momento difícil.

Para combatir la soledad, necesitamos no solo aumentar nuestra iniciativa para salir del aislamiento, sino también cambiar nuestro pensamiento y adoptar nuevos comportamientos.

Las relaciones satisfactorias son uno de los factores más importantes en nuestro desarrollo personal. Varios estudios han demostrado que estar cerca, poder discutir y compartir tiene un efecto positivo en nuestra salud física y mental. En nuestro mundo hiperconectado, a medida que los métodos de comunicación se diversifican y mejoran, la soledad debería desaparecer. Desafortunadamente, no lo es. Piénsalo, hace décadas el principal problema era no tener dos o tres amigos de carne y hueso; ahora es una prueba para que los jóvenes tengan menos de 100 "amigos" virtuales. La estadounidense Gretchen Rubin, experta en felicidad y autora de varios libros sobre el tema, cree que la soledad es uno de los mayores obstáculos para la felicidad. Incluso calificó la lucha contra este flagelo moderno como un "gran desafío". La psicóloga y psicoterapeuta Anne-Laure Martin dice: "La soledad no es inevitable, y aunque en parte es una cuestión de condiciones físicas y ambientales, también es una cuestión de orientación y comportamiento". Para entrar en la mentalidad correcta, sea consciente de sus debilidades y necesidades y comience a hacer pequeños cambios todos los días:

1- Pregúntate cuáles son tus necesidades

Es importante priorizar sus necesidades para no tomar las decisiones equivocadas. ¿Tu soledad se debe a una pérdida de conexiones sociales (pérdida de trabajo, mudanza, enfermedad) o es el resultado de una ruptura romántica o familiar? Es importante identificar la necesidad o carencia que es más importante y más preocupante para usted. Esta identificación te permitirá definir mejor tus prioridades y así ver más claras tus expectativas. También te permite dejar de ver la soledad como un "bloqueo" que crea un sentimiento de impotencia que mata cualquier voluntad de hacer los cambios necesarios.

2 - Ten cuidado

El aislamiento y el abandono forzados son factores que contribuyen a la depresión y la pérdida de autoestima. Cuanto más nos sentimos rechazados, menos nos valoramos y nos tratamos peor. Entonces, antes de que pueda volver a conectarse con los demás, debe comenzar a cuidarse física y emocionalmente. Presta atención a tu apariencia, participa en actividades deportivas o artísticas. Haz una lista de las cosas que te hacen feliz todos los días. Concéntrate más en las pequeñas alegrías, las que ignoras porque "no cambiarán mi vida de todos modos". Finalmente, tómese el tiempo para enumerar sus diversas habilidades y talentos (de menor a mayor importancia) y revise la lista regularmente para generar confianza.

3 - Lucha contra la negatividad

Los investigadores han descubierto que los sentimientos de soledad y aislamiento hacen que las personas sean más negativas y críticas. Dos tendencias que no favorecen la apertura en una relación. Comience con un momento en que sus puntos de vista pesimistas o juicios demasiado críticos sean más importantes que su bondad y confianza en la vida y en los demás. Luego, para cada una de estas creencias u observaciones negativas, haga de abogado del diablo tratando de presentar uno o dos argumentos que las contradigan. Luego intente hacer un ejercicio de gratitud al final de cada día. Explore las películas de hoy y encuentre pequeños momentos que fueron felices, entretenidos o gratificantes. Medita en cada uno mientras los vuelves a rememorar y das gracias. También puede escribir tres de estos eventos positivos cada día. Con el tiempo, tu visión del mundo y de los demás se vuelve más amable. Tu deseo de ocupar tu lugar en un mundo menos hostil hace que sea más fácil acercarte a los demás.

4- Conexión

Uno de los peligros del aislamiento y la soledad es ignorar las pequeñas conexiones diarias. Debemos recordar que las relaciones y la vida social se tejen a partir de encuentros. Ofrécete como voluntario y comunícate a diario con tus compañeros, los comerciantes que visitas, tus vecinos. Si no almuerza con colegas, debería almorzar con más frecuencia. Únase a grupos de actividad (caminar, leer, meditar), asociaciones de vecinos (padres de alumnos, cultura). También puede intentar encontrar viejos amigos de la escuela secundaria o la universidad o incluso familiares en línea.

5- Cuida de los demás

Un sentido de utilidad aumenta la buena autoestima y cambia la dinámica de las relaciones. También es la mejor manera de evitar el aislamiento emocional y recuperar el sentido de comunidad. En lugar de preguntarse, "¿Por qué no obtengo nada de nadie?" ¿Por qué no preguntarse cómo puede ayudar y apoyar a otros? Algunas formas posibles: toma la iniciativa de cuidar a tus vecinos, brinda servicios a los ancianos de tu vecindario, ofrécete como voluntario los fines de semana si amas a los animales, invierte en un refugio para animales, etc.

6- Duerme bien por la noche

Estas sugerencias pueden parecer extrañas y no directamente relacionadas con la soledad, pero no lo son. Los investigadores han descubierto que la privación del sueño o el sueño de mala calidad pueden tener un efecto de "desocialización". Una mala noche no solo puede tener un efecto negativo en el estado de ánimo y el estado de ánimo, reduciendo la capacidad de los demás para conectarse con usted, sino también la fatiga y la ansiedad, que pueden conducir a la relajación. Así que asegúrese de optimizar sus condiciones de sueño. Antes de acostarse, haga ejercicios de respiración y relajación, coma algo ligero y apague las pantallas (TV y computadora) una hora antes de acostarse.

Acciones contra la soledad

Primero, debe pensar fuera de la caja, superar sus debilidades, ir más allá de lo común y hacer algo nuevo.

Se recomiendan muchos, como unirse a un club deportivo, unirse a un grupo de caminata, tomar una clase de cocina. También puede ser voluntario o comprar un perro o un gato. Las nuevas actividades y contactos se asocian automáticamente con él. Entonces es importante observar más de cerca qué relaciones son realmente importantes para usted. ¿Existe una relación sincera o sólo una relación superficial? Por eso es importante evaluar la calidad de sus contactos y luego tomar una decisión informada a favor de las personas que realmente son adecuadas para usted.

A medida que dé nuevos pasos, puede que le resulte agradable imaginar una y otra vez lo buena que será su nueva y rica situación de vida. Esto simplifica mucho. Las expectativas que son demasiado altas para usted o para otros a menudo se interponen en el camino. Si te defraudas demasiado rápido, te darás por vencido nuevamente después de un tiempo. Por lo tanto: ¡ten paciencia! Y lo más importante: no se avergüenza de estar solo. Es un sentimiento útil.

¿Puedo deshacerme de la soledad?

Sentirse solo siempre ha sido visto como algo amenazante y doloroso. Las personas que se sienten solas suelen tener miedo de ser lastimadas o rechazadas: por un lado, quieren encontrar formas de conectarse con los demás para sentirse más cerca, por otro, quieren evitar el rechazo. Esto dificulta que las personas solitarias se abran o se acerquen a los demás. Ya sabemos que la soledad va de la mano con la timidez y la baja autoestima. Así que encontrar la soledad en sí misma no es nada fácil.

Pero si funciona de alguna manera, entonces, por supuesto, el primer paso es conectarse con otros para salir del aislamiento. Puede elegir conscientemente dónde conectarse con las personas, o puede conectarse primero a través de las redes sociales, ya que esto suele ser más fácil que iniciar una conversación de inmediato. Pero si la soledad se vuelve realmente peligrosa y desarrolla signos de advertencia de depresión, debe buscar urgentemente la ayuda profesional de su médico. "No puedo estar solo": ¿qué hay detrás de este dicho?

Detrás de esto hay simplemente una necesidad muy fuerte de intimidad y de estar juntos. Luego, el entorno se selecciona en función de esta necesidad: por ejemplo, me mudo a un apartamento compartido con mi pareja.

Todos difieren en sus necesidades, y, por lo tanto, necesidades sociales. Aquí estamos hablando de introvertidos que tienen menos contacto social para sentirse cómodos, su necesidad de intimidad también es menor.

Más consejos para superarlo:

Muchas personas se sienten impotentes en su soledad. Algunos incluso reaccionan con arrogancia ante la inseguridad social. ¡Dañino! De hecho, solo empeora las cosas. Por eso hemos recopilado algunas formas alternativas de escapar de la soledad y consejos para ayudarte a superar mejor el aislamiento social:

- **No te culpes por estar solo**

Un pensamiento importante desde el principio: no tiene sentido culparse a sí mismo por su posición. La soledad no significa que hayas hecho algo mal. Cuando te culpas a ti mismo, solo dañas tu autoestima y aumentas tu soledad.

- **Ver los aspectos positivos**

Estar soltero a veces o no tener pareja ahora mismo no es tan malo. En su lugar, concéntrese en los beneficios y oportunidades. Por ejemplo, te volverás más flexible e independiente, podrás tomar tus propias decisiones y podrás moldear tu vida de una manera que personalmente sientas que es la correcta.

• **Aprende a respetarte a ti mismo**

Como ocurre con muchas otras cosas, la mejor manera de combatir y superar la soledad es encontrar la raíz del problema: la baja autoestima y la falta de amor propio están entre ellas. Date cuenta de tu valor y comprenderás que los demás también aprecian algo en ti. Además, cuanto mejor te sientas, más fácil será estar solo de vez en cuando.

• **Conéctese con otros**

La segunda fuente del problema también debe abordarse: en lugar de aislarse, trate la soledad de una manera específica: salga, conozca a otras personas, llame a amigos, conocidos y familiares, organice (y provoque) una reunión. Con cada interacción humana, te sentirás menos solo y más seguro.

• **No esperes demasiado a la vez**

La soledad no se puede superar en muy poco tiempo. Los problemas a menudo están arraigados, los malos hábitos están arraigados, se necesita tiempo para cambiar los patrones de pensamiento arraigados. Tome medidas para evitar la soledad. Todos los días haces algo para sentirte menos solo, las cosas se están moviendo en la dirección correcta.

• **Tener pasatiempos**

Sentarse en casa y esperar a que suceda algo no traerá ninguna mejora. En cambio, mejorará el estado de ánimo. Puede requerir un poco de esfuerzo, pero debe participar conscientemente en actividades que disfrute y que impliquen la interacción con los demás. Con estos intereses, te conectarás naturalmente con otras personas con pasiones similares.

• **Enfócate en las personas que te rodean**

Una buena forma de superar el miedo a estar solo es intentar ayudar a los demás. Alguien puede necesitar consejo o simplemente escuchar. Debes ofrecer tu ayuda. Al dar algo a los demás, superarás tu soledad y te beneficiarás de ella al mismo tiempo. Efecto secundario positivo: estar rodeado de otras personas puede darte mucha más confianza y hacerte sentir atractivo e importante para los demás.

• **Persigue tus propias metas y sueños.**

Al concentrarse en sus propias metas y sueños, puede evitar sentirse solo. Haz lo que siempre has querido hacer, haz realidad un gran sueño o empieza a luchar por una meta. Por lo tanto, descubrirá que puede encontrar la felicidad y la satisfacción sin la interferencia de los demás.

• **Hazte regalos**

Una cura probada para la soledad aguda: sé amable contigo mismo, complácete y date regalos. No tiene que ser grande, pero con cada acto de bondad que te muestres, sabrás que eres lo suficientemente bueno y que los demás piensan que eres lo suficientemente interesante.

• **Mantener una relación: realmente importa**

Las amistades, los lazos familiares, las uniones o cualquier otro tipo de amistad tienen una cosa en común: si quieres mantenerlas por más tiempo, necesitas desarrollar estas relaciones. Póngase en contacto con frecuencia, pero la mitad no es suficiente. En su lugar, debe dedicar suficiente tiempo a las relaciones que son realmente importantes para la prosperidad. Si no es así, no te sorprendas si poco a poco pierdes de vista a tus amigos, y la intensidad de otros contactos también disminuye.

Pero, ¿qué es lo que realmente importa en el mantenimiento de una relación y qué gestos y comportamientos puedes hacer por la relación? Te mostraremos lo que realmente importa cuando quieres salvar una relación.

Formas de comunicarse

Desafortunadamente, no existe una fórmula mágica para desarrollar y mantener relaciones. Cada amistad es diferente, comunicarse con diferentes colegas puede basarse en principios completamente diferentes, y cada persona tiene necesidades y requisitos diferentes cuando se trata de relaciones. Algunas amistades no solo duran años, sino también largas distancias. Verse de vez en cuando, llamarse o escribirse de vez en cuando es suficiente para que todo parezca igual. Otras relaciones requieren más contacto personal que trabajo.

Entonces, si desea desarrollar una relación, lo primero que debe hacer es averiguar qué está haciendo la otra persona. Con este conocimiento, puede personalizar a cada persona y desarrollar relaciones verdaderamente productivas y causar una impresión positiva duradera.

Para ayudarte un poco, he reunido cinco formas de mantener tu relación:

- **Atención**

Las relaciones son importantes y apreciadas, especialmente cuando le das a tu pareja toda tu atención. ¿Suena fácil? Pero eso no se da por sentado hoy en día. Está constantemente mirando su teléfono inteligente, revisando el correo electrónico, publicando fotos rápidamente, leyendo las últimas noticias y revisando sus resultados deportivos mientras está sentado en la mesa y chatea con otros.

Por lo tanto, la atención plena es una forma simple pero efectiva de mantener las relaciones. Deje su teléfono, apague el televisor y aproveche la oportunidad para conectarse realmente y escuchar a los demás.

- **Confirmar**

No siempre digas sí y amén. Algunos también podrían llamar a esto una relación enriquecedora, pero en realidad es solo hipocresía e indiferencia. La honestidad se recibe mejor, pero las cosas especialmente positivas a menudo se dejan sin decir. Es fácil criticar, pero a la mayoría le resulta difícil poner sentimientos positivos en palabras y expresarlos entre sí.

Adelante, di lo que te gusta de la otra persona, lo que respetas y admiras de ella. También funciona de la misma manera si lo animas a realizar una tarea o lo ayudas con ella. Dichos elogios permanecerán en la memoria durante mucho tiempo y fortalecerán las relaciones.

Las relaciones incluyen no solo regalos, sino también buenas oportunidades para mantenerse en contacto. Sin embargo, se deben observar las siguientes reglas: No importa cuánto dinero gastes y regales lujos. En el mejor de los casos, parece que estás tratando de hacer alarde de tus finanzas o de comprar el dinero de otra persona. Nos enfocamos en los gestos y significados ocultos que piensas de los demás. Por lo tanto, no es un obsequio costoso, sino un obsequio personal y considerado que es especialmente bueno para el mantenimiento social. Puede ser algo pequeño, pero si demuestras que realmente te preocupas por los intereses de otras personas, el efecto será aún mayor.

- **Contacto corporal**

La cantidad de contacto físico permitido y apropiado siempre depende de la relación, pero si es tu jefe o un conocido lejano, puedes mantener la relación con solo unos pocos toques. Una mano en el hombro o toques ligeros en el hombro durante una conversación crea intimidad y puede hacer que la otra persona se sienta más conectada contigo. Dentro de los amigos, los abrazos pueden fortalecer las relaciones. Puede parecer una cosa pequeña, pero se siente diferente si le estás dando la mano a alguien para saludar o sosteniendo su mano. Las relaciones amorosas también se pueden desarrollar a través del contacto físico, tomarse de la mano y besarse fortalecerá el vínculo.

- **Por favor**

Si quieres desarrollar una relación, no solo debes buscar tu propio beneficio, sino también hacer algo desinteresado. Pregúntese: ¿qué podrían necesitar otras personas? ¿Cómo puedo hacerlo feliz o tal vez puedo hacer algo por él? Con estos pequeños favores demuestras que te preocupas por los demás, que quieres que sean felices y que no te interesa aprovecharte de la situación actual. Como sabes, las acciones hablan más que las palabras, así que no prometas que harás algo, pero cumple tu palabra. Al hacer esto, también está demostrando que es verdaderamente digno de confianza y que esa es la única forma de generar la confianza necesaria en una relación. El secreto de una buena relación.

¿Está en buenas manos y deseando una asociación llena de amor y solidaridad? Entonces deberías disfrutarlo, porque las relaciones laborales tienen muchas ventajas e incluso pueden ayudarte en tu carrera. Antes de que esto se malinterprete, se debe decir que las personas solteras también pueden tener éxito e incluso tener razones para planificar su propia carrera. Sin embargo, un aspecto fundamental de una asociación no se puede equilibrar: no tendrás que enfrentar tus dificultades y problemas solo, siempre tendrás a alguien de confianza a tu lado.

- **Asociación**

Cualquiera que haya estado en una relación o recuerde una relación anterior sabe que hay altibajos. La discusión es parte de esto y es difícil de evitar a largo plazo. Sin embargo, los beneficios de abordar juntos los desafíos cotidianos, profesionales y de la vida, son mayores que haciéndolo solo.

Nadie duda de que puede hacerlo usted mismo, y si está felizmente soltero, no tiene que buscar pareja de inmediato. Pero hay bastantes argumentos y argumentos a favor de una asociación.

El apoyo mutuo es especialmente importante. Es una sensación sumamente satisfactoria saber que alguien te apoya, alguien en quien puedes confiar al 100% incluso en situaciones difíciles. Las relaciones estables también suelen generar más confianza. Esto también es fácil de ver en otras áreas, por ejemplo, puede aparecer con confianza en reuniones o conferencias.

En una sociedad, también puede obtener un segundo punto de vista honesto e igualmente importante. Cuéntale a tu compañero sobre la idea, pídele que la evalúe desde un punto de vista diferente. Esto puede ampliar su perspectiva y ayudarlo a tomar mejores decisiones o evitar cometer errores. Finalmente, como pareja, pueden aliviar el estrés, pero por favor no se griten ni desahoguen sus frustraciones cuando trabajen juntos. En cambio, las parejas pueden ayudar a calmar la ira en caso de un conflicto en el lugar de trabajo. Si eso no ayuda, siempre puedes chismear sobre tus compañeros de trabajo o tu jefe, lo que puede ayudar a reducir el estrés en el lugar de trabajo.

Relaciones y carreras: No siempre hay paz, alegría y panqueques. Esto se considera importante, como cuando ambos trabajan en el mismo lugar de trabajo. La falta de distancia entre ellos y estar sentados las 24 horas del día puede dar lugar a discusiones. La mayoría de las sociedades son buenas cuando el trabajo es por separado y cada parte ofrece libertad. La cooperación también tiene un alto potencial de conflicto cuando surgen disputas profesionales. Es difícil separar estas dos áreas, lo que significa que los conflictos profesionales o los malentendidos a menudo se extienden a la vida privada. Las sociedades también pueden verse afectadas por el trabajo, incluso si ambos tienen diferentes empleadores. Pueden surgir problemas cuando un compañero no puede hacer frente debido al trabajo.

Las horas extras y la gran carga de trabajo, todo el mundo lo sabe, le puede pasar factura a cualquiera. Sin embargo, si la pareja se siente abandonada, puede surgir una discusión. Seremos más fuertes cuando nos unamos. El dolor común es la mitad del dolor. Conoces estas melodías populares. Pero pueden estar completamente equivocados: si confías en el apoyo psicológico de tu pareja para lograr tu objetivo, lo lograrás más lentamente, ¿cómo? Los psicólogos llaman a este fenómeno subcontratación autorregulada, lo cual ha sido confirmado por dos científicos estadounidenses Grain Fitzsimons de la Universidad de Duke en Durham y Eli Finkel de la Universidad de Northwestern en Evanston.

Este efecto es fácil de explicar: tan pronto como solicitamos la ayuda de nuestros socios, les transferimos en secreto parte de la responsabilidad y automáticamente ponemos menos esfuerzo. El descubrimiento comenzó con dos experimentos. En primer lugar, 56 sujetos debían intentar alcanzar sus objetivos deportivos.

El primer grupo debe planificar cuidadosamente cuánto quiere entrenar para este propósito.

El segundo grupo también actúa, pero con apoyo profesional.

Resultados: El segundo grupo no solo estaba menos preparado, sino que las mujeres completaron menos bloques de entrenamiento.

En el segundo experimento, se pidió a 74 estudiantes masculinos y femeninos que resolvieran un rompecabezas antes de tomar un importante examen universitario. Y aquí está: las personas que confiaron en sus compañeros para ayudarlos a resolver acertijos pasaron más tiempo y luego menos tiempo preparándose para la prueba.

Es cierto que una relación de ayuda es algo bueno e importante, o al menos una señal de apoyo emocional. Sin embargo, esto puede ralentizar el éxito de una persona.

Los aspectos más importantes de una asociación estable

Desafortunadamente, no existe una fórmula secreta que solo deba seguir para una relación estable y productiva. Si fuera tan simple como eso, todas las relaciones serían para toda la vida, el mal de amores sería cosa del pasado, los abogados de divorcio serían redundantes y estarían desempleados.

Sin embargo, hay algunos factores que son especialmente importantes para que una pareja haga felices a ambas partes y también tenga un impacto positivo en sus carreras:

- **Apoyo**

En una sociedad, deben apoyarse mutuamente, permanecer juntos y hacer que los demás se sientan involucrados en cada proyecto y trabajando juntos para lograrlo. No es del todo ciego, criticar o llamar por problemas o malentendidos también es parte de la asociación. Sin embargo, en momentos y situaciones decisivas y críticas, no se debe cuestionar el apoyo.

- **Ser honesto**

Las mentiras no solo son piernas cortas, sino también veneno para cualquier pareja. Cuando se pierde la honestidad entre los socios, pronto surge la desconfianza. La integridad también incluye abordar con franqueza las debilidades y los errores para brindar oportunidades para que otros mejoren y crezcan.

- **Comprometerse**

Aquellos que no quieran entrar en una sociedad pronto dejarán de hacerlo, porque la relación termina. Para mantener una asociación a largo plazo, ambos deben estar dispuestos a comprometerse en una variedad de situaciones y, a veces, hacer sacrificios.

- **Diferencias**

Nadie puede escapar de la realidad, pero la comunicación debe ser un oasis de seguridad y distracción. Por ejemplo, si actualmente estás bajo mucho estrés y presión, puedes encontrar el equilibrio con tu pareja, despejar tu mente y recargar tus baterías. La asociación proporciona un contraste muy necesario con otras áreas de la vida.

- **Independencia**

Con todos los muchos elementos positivos de la asociación, el individuo no puede ser subestimado. La gente todavía necesita tiempo para sí mismos, pasatiempos y distracciones independientes. De lo contrario, existe el riesgo de perderse por completo en la sociedad. Cuando ambos están trabajando solos en algo, trabajar juntos es aún mejor.

Capítulo. 5
La felicidad

¿Qué es la felicidad? Todos luchan por la felicidad. Pero ¿qué es la felicidad? ¿Sentimiento? ¿Mucho dinero? La realidad es que una vida plena no sucede por "accidente" o por "la alineación de planetas"; incluso tampoco poseyendo el mayor éxito o riqueza. La felicidad a menudo nos trae buenos amigos y amor a cambio. Pero más que eso, la felicidad es una actitud mental.

¿Quieres encontrar la felicidad y ser más feliz? ¿Qué es la felicidad? ¿Ser afortunado? ¿Haber ganado la Rueda de la fortuna? ¿Coincidencia de circunstancias favorables? Todavía no hay una definición clara. Lo que nos hace felices es demasiado subjetivo y personal. La investigación moderna sobre la felicidad distingue dos tipos de felicidad:

1. Persona afortunada

Nada puede afectar la suerte aleatoria. Como sugiere el nombre, es puramente oportunista y aparece de forma repentina e inesperada. Luego, algunas personas hablan de suerte "indigna o "excesiva". ¡Un contraste interesante! Por un lado, mucha gente cree que la suerte es pura casualidad.

2. Felicidad en la vida

La felicidad en la vida se define como un estado de bienestar en el que estamos despreocupados y saludables, tenemos buenas relaciones y realmente nos sentimos como en casa en algún lugar. Los mayores factores de felicidad en la vida son la salud, las relaciones, el trabajo y la libertad.

La felicidad no es un accidente, sino el resultado de nuestros pensamientos y acciones. Es una actitud. La felicidad es una opción.

Dos factores son cruciales para tu propia felicidad: nuestro juicio y la satisfacción que derivamos de él. Ambos son una cuestión de actitud. En otras palabras: nuestra felicidad es una elección.

El sociólogo Ruut Wienhoven es considerado un experto en felicidad. También afirmó: "La felicidad es el nivel de satisfacción de una persona con la calidad de su propia vida. En otras palabras, ¿cuánto disfrutas de tu propia vida? Depende de cómo juzguemos las cosas nosotros mismos. Incluso los golpes del destino y los accidentes graves con graves consecuencias físicas no deberían hacer felices a todos, pero algunos atribuyen a la "buena fortuna" haber sobrevivido a ellos.

Si somos felices o no, no es una cuestión de circunstancias, sino de cómo reaccionamos ante ellas: el significado que les atribuimos. Cómo las experimentamos y cómo nos adaptamos a ellas. Las personas que creen que tienen el control sobre su felicidad son más felices. Estas personas encuentran un equilibrio entre lo que tienen y lo que quieren.

Como dijo Dale Carnegie, "La felicidad no es quién eres o lo que tienes; Solo depende de lo que pienses".

Curva de felicidad: la felicidad no es un estado constante

Tal vez te hayas dado cuenta de que la felicidad no es un estado permanente. Incluso aquellos que piensan que alguien ha contratado la suerte suelen enseñar lo contrario. Incluso si siempre tratas de ser feliz, te garantizo que no serás feliz intentándolo.

La investigación moderna incluso ha llevado a la conclusión de que nuestra percepción de la felicidad depende en gran medida de la edad. Por ejemplo, los economistas David G. Blanchflower y Andrew Oswald descubrieron que la felicidad sigue una curva en forma de U: las personas son más felices a los veinte años, decaen a mediados de los 40 y gradualmente se empinan a la cima.

A menos que tenga problemas de salud graves, puede esperar volver al nivel de felicidad de una persona de 20 años cuando tenga 70.

La felicidad rara vez viene sola: viene con salud, satisfacción, relaciones estables y éxito. Una conclusión importante de los psicólogos modernos y los investigadores de la felicidad es la siguiente: no es nuestro éxito lo que nos hace felices, sino todo lo contrario: aquellos que eligen la felicidad tienen más éxito.

Según la investigación, el coeficiente intelectual solo determina el 25% de nuestro éxito profesional. El optimismo, las relaciones y la capacidad de no ver el estrés como una carga (75 %) tienen un impacto mucho mayor. Cuando el cerebro está en un estado activo, funciona un 31% más eficientemente. Surge un vórtice de energía, creatividad y productividad. Sean Achor, un renombrado investigador de la felicidad de la Universidad de Harvard, es considerado uno de los principales expertos mundiales en "felicidad y éxito". Dijo: "La mayoría de la gente comete el error de pensar que su felicidad está condicionada". Estas personas piensan:

"Cuando sea rico y económicamente independiente, seré feliz".

"Cuando finalmente obtenga un salario más alto en el trabajo y obtenga un ascenso, encontraré la felicidad".

¡Gran error! Quien así lo crea va por el camino contrario de la felicidad. La felicidad duradera en la vida no está determinada por circunstancias externas en más del diez por ciento. Mucho más importante es el impacto desde adentro, ya sea que nos centremos en los aspectos positivos o negativos de nuestras vidas.

Es una perspectiva extremadamente alentadora: no importa cuán famosa, exitosa o privilegiada sea la persona. Encontramos la felicidad en la vida sin tener fortunas, incluso sin éxito. Nuestra actitud hacia ella importa.

La gente feliz habla más

Los científicos que colaboran con Matthias R. Mel, de la Universidad de Arizona, descubrió que las personas felices tienen el doble de conversaciones profundas que las personas infelices.

La felicidad es contagiosa. Cuando Nicholas Christakis de la Universidad de Yale analizó los mensajes de estado de Facebook, quedó claro que cada mensaje de estado positivo resultó en un promedio de dos mensajes de estado positivos que leyó de sus amigos.

Los recuerdos te hacen feliz

La memoria almacena las experiencias que nos dan forma. El investigador estadounidense del cerebro Antonio Damasio descubrió que lo que se asocia con emociones positivas fuertes ingresa automáticamente en nuestra memoria a largo plazo. A su vez, el recuerdo de ellos evoca emociones asociadas a ellos.

El entrenamiento te hace feliz.

Las personas que ejercitan la fuerza de su carácter mejoran su felicidad. Esto es según una investigación de Willibald Ruch de la Universidad de Zúrich. Aquellos que expresaron curiosidad, gratitud, optimismo, humor y entusiasmo mostraron una satisfacción con la vida significativamente mayor.

El reconocimiento te hace feliz.

La investigación realizada por el psicólogo Cameron Anderson de la Universidad de California, Berkeley, ha demostrado una fuerte correlación entre el reconocimiento y la felicidad subjetiva. Sin embargo, este sentimiento de felicidad es frágil, ya que la persona que recibe el reconocimiento por su trabajo, esmero, valores, etc. debe sostener esas características por sí mismo.

No existe una fórmula universal para la felicidad o una fórmula simple para la felicidad. Pero muchos de nosotros podemos aumentar nuestra felicidad de las siguientes maneras:

1. Gratitud

La gratitud es la clave para la satisfacción y la felicidad. Porque no ignoramos nuestros defectos, sino que aprendemos a disfrutar a largo plazo de lo que tenemos, y de lo que muchas veces no está claro.

2. Cuidado

La felicidad es una cuestión de concentración. A menudo son las pequeñas cosas las que nos hacen felices: una broma de un amigo, una carta de amor de nuestro cónyuge… Obsérvelo conscientemente y escríbalo. A medida que te vuelvas más consciente de estas cosas, serás más feliz.

3. Diario feliz

Cualquiera que tenga dificultades con los dos primeros puntos debe anotar muchos momentos felices y registrarlos en un diario de buena suerte. No solo recuerdas mejor. Después de leerlo, serás feliz incluso después de muchos años y traerás muchos recuerdos maravillosos. Por cierto, la llamada lista Juhu funciona exactamente de la misma manera.

4. Esperanzas

En primer lugar, nuestras expectativas nos hacen
felices: cualquiera que piense que tiene mala suerte, es
poco probable que lo haya pasado bien. Las personas
afortunadas que se consideran felices son diferentes:
su actitud hacia la felicidad les da más. En psicología,
hablamos del poder del pensamiento.

5. Sonreír

La gente feliz sonríe. Lo mismo ocurre con lo contrario:
¡las personas que se ríen a menudo son personas
felices! Ni siquiera tienen una razón. Las
investigaciones muestran que incluso una sonrisa
falsa te hace sentir feliz. Por qué: cuando sonreímos,
enviamos señales al cerebro. A su vez lo interpreta de
la siguiente manera: sonreímos, lo que significa que
debemos ser felices. Libera rápidamente hormonas
como la dopamina, la serotonina y la norepinefrina.

6. Movimiento

Solo una caminata de 20 minutos lo pondrá en
pensamientos de viaje y lo hará feliz. Según una
investigación de la Universidad de Yale, las proteínas
como VEGF, IGF1 y BDNF se liberan durante el
ejercicio regular. Contribuyen a la formación de nuevos
vasos sanguíneos en el cerebro (y por lo tanto al
suministro de oxígeno al cerebro). Si caminamos bajo
el sol, los rayos del sol dan un verdadero efecto de
felicidad instantánea.

7. Naturaleza

Se ha demostrado que la experiencia sensorial de la
naturaleza tiene un efecto calmante. Las personas que
son conscientes de su entorno tienen menos
posibilidades de preocuparse o pensar en el futuro. El

sol en la piel, el olor a hierba recién cortada en la nariz: la vida está sucediendo aquí y ahora. ¡Te hace feliz!

8. Abrazo

El tacto también nos hace felices. Un toque suave y amoroso o un simple abrazo reducirán tus niveles de estrés y disminuirán tu ritmo cardíaco. Nuestro cuerpo reacciona inmediatamente a la ternura y al contacto con la piel: el miedo se calma, nos tranquilizamos e incluso nuestra inmunidad se potencia.

9. Salto

"¡Puedo bailar de felicidad!" - No es sólo un dicho. Es cierto: bailar te hace más feliz (y más inteligente), y mejoran tu estado de ánimo. El estilo del baile no importa. Entonces, si necesitas una ocasión divertida: ¡encienda su música favorita y baile con ella!

10. Espontaneidad

Las estructuras brindan seguridad. Pero la espontaneidad te hace feliz. Son ideas locas y acciones espontáneas que se queman en nuestra memoria a largo plazo y las recordamos años después con un guiño en el ojo. Por un breve momento, fuimos libres, valientes y decididos. En resumen: felices hasta las raíces.

11. Cantar

Sabes que la música es edificante. Esto es aún más cierto cuando se canta bajo la ducha o en el coche. Según la investigación, cantar en voz alta nos hace sentir felices de inmediato. También reduce el estrés y previene la depresión. Especialmente cuando cantamos con otros.

12.   Tolerancia a fallos

La vida no siempre funciona a la perfección. El fracaso es parte de ello. Por cada minuto de ira, perdemos 60 segundos de felicidad en nuestra vida. El que se arranca los cabellos por cada falta y hace depender su felicidad de la perfección, no puede ser feliz. Acepte los errores por lo que son: lecciones, tanto grandes como pequeñas, a partir de las cuales podemos crecer.

13.   Problemas

La gente tiende a ser perezosa. Muchas personas se quedan en su zona de confort. Pero la comodidad la pagamos con mal humor. Nuestras mentes anhelan nuevas experiencias, aventuras, variedad y nuevos estímulos. Las personas que siempre están activas son más felices. El tipo de actividad es de importancia secundaria. Es esencial que nos desafíe y nos energice mental y físicamente. Cada vez que trascendemos nuestros límites anteriores, no crecemos literalmente más allá de nosotros mismos. Creamos una nueva experiencia exitosa que es presagio de felicidad.

14.   Pensar

Miles de pensamientos pasan por nuestra mente todos los días. Algunos nos inspiran, otros nos abruman o nos amonestan. Es muy importante que nos preocupemos por el orden y la claridad mental de vez en cuando. Una forma de hacer esto es meditar. Las personas que meditan regularmente no solo están haciendo algo bueno para sus cerebros.

"La felicidad es un traje a medida. Por ejemplo, las personas que quieren usar la ropa de otras personas no están contentas", dice Karl Böhm.

A veces no necesitamos hacer MÁS para ser felices. En cambio, a veces necesitamos abandonar hábitos y formas de pensar que nos hacen infelices:

Soledad/felicidad

La soledad es mucho más dañina para la salud humana que la enfermedad de nuestro tiempo: la obesidad. Los científicos señalaron que, si la obesidad es una amenaza para la salud interna, la soledad afecta principalmente a la psique humana. De acuerdo con la "receta" de los médicos, para vivir más tiempo, debe comunicarse con sus seres queridos, viajar o encontrar un compañero de vida.

Diversión: hasta que tienes menos de 50 años, no es difícil ser feliz solo. Después de los 50 años, la mayoría de las personas piensan que para ser felices deben tener una relación o tener nietos.

¿De dónde vienen los datos?

Los empleados de una gran compañía de seguros realizaron una encuesta para examinar los sentimientos de soledad y felicidad. Los estudios han demostrado que una persona puede sentirse feliz cuando está sola. Pero este sentimiento solo duró hasta los 50 años. En el estudio participaron tanto personas casadas como solteras. Personas que, después de cumplir los 50 años, han perdido su característica sensación de felicidad y empiezan a arrepentirse de haberse quedado solas. Esto fue reconocido por el 78% de los encuestados. Al mismo tiempo, más del 60% de las personas casadas dijeron que eran felices. Además, los encuestados confirmaron que los abuelos se sienten emocionalmente mejor que sus pares sin nietos.

Difícilmente hay una persona que no experimente, al menos ocasionalmente, la soledad. Perdemos amigos y seres queridos a lo largo de nuestra vida.

Hay dos formas de salir de la soledad: aprender a aceptar y lidiar con este sentimiento pasando a otras cosas significativas, como encontrar un trabajo interesante, un pasatiempo o aprender a construir relaciones con las personas de una manera nueva. No te sientas solo, encuentra nuevos amigos y un compañero de vida. La vida de todos es única y pasa sorprendentemente rápido. El problema irresoluble de la soledad para muchas personas no es un problema tan grande como su vida real, el único lugar donde quieren vivir bien, prosperar, triunfar, ser diversos y completos. Este es su derecho y su derecho es respetado.

Todos somos diferentes y todos elegimos nuestro propio camino en la vida. La soledad es, por un lado, una existencia dolorosa llena de depresión y sentimientos de inferioridad, por otro lado, una vida tranquila y equilibrada para uno mismo, una oportunidad para forjar una carrera exitosa o participar en la creación. La soledad es diferente, no solo hay emociones negativas asociadas a ella, sino también alegría y disfrute. Muchas personas lo buscan, se aburren con la comunicación y limitan deliberadamente la cantidad de contacto con los demás. Muchas etapas de la vida de una persona están inevitablemente asociadas con la soledad, y la experiencia de la soledad no depende tanto del aislamiento como de la actitud de uno hacia uno mismo.

Cuando estamos solos, tenemos la oportunidad de elegir qué hacer, y en muchos casos esta actividad es útil y variada. La soledad nos permite dar sentido a nuestras experiencias de vida y, a menudo, nos estimula, "empujándonos" a buscar activamente una comunicación interesante y significativa. Tras un periodo de soledad, empezamos a valorar más la amistad o las relaciones amorosas, nos volvemos menos exigentes y más tolerantes con nuestra pareja. Se puede decir que la soledad nos enseña sabiduría y amor.

Comenzamos a vivir plena y felizmente no solo cuando nos esforzamos por algún cambio en nuestra vida o nos cambiamos desesperadamente, sino también cuando aprendemos a amarnos tal como somos sin poder hacer ningún cambio y aceptar nuestra vida tal como es. Lo importante es elegir lo que te gusta: la soledad o la familia, acepta lo que te toca con dignidad, ten seguridad en tu elección, no te desesperes, no sientas culpa y lucha por la armonía.

Apostar a la suerte

La gente ha estado hablando y escribiendo sobre ello desde la antigüedad. Pero los pensadores y los científicos no pueden ponerse de acuerdo sobre qué es la felicidad y cómo alcanzarla. Los psicólogos comenzaron una investigación seria sobre la felicidad hace solo un cuarto de siglo. Desde entonces, diversos estudios se han fusionado con el movimiento de la psicología positiva. Así nació la ciencia de la buena vida o como se le llama comúnmente la ciencia de la felicidad. Y ahora podemos hablar de felicidad, satisfacción, alegría en la vida, basados en datos y hechos probados. Muchos de ellos nos obligan a reconsiderar la sabiduría convencional.

Evaluar la vida en general.

No hay nada más difícil que definir qué es la felicidad. Algunos llaman felicidad a un estado de felicidad breve pero muy intenso, otros lo llaman un sentimiento estable de euforia. Otros encuentran la felicidad en tener algo importante o en un sentimiento particular independiente de motivos objetivos.

Pero si consideramos que la felicidad es una vida llena de satisfacción, entonces la verdad es innegable: las personas más felices no son las que experimentan experiencias felices, sino las que las aprecian. Las cosas de precio positivo son las que más duran. No siempre es posible encontrar "motivos" objetivos para ser feliz. Ursula Staudinger, profesora de la Universidad de Bremen (Alemania), lo llama la paradoja de la felicidad subjetiva: muchas veces somos felices, incluso cuando no hay razón para serlo.

Incluso las personas más felices tienen momentos de desánimo, y las personas más infelices tienen momentos de alegría. La felicidad no viene de nosotros ni de nuestras circunstancias, sigue su propia lógica y quizás por eso tendemos a subestimarla. Psicólogos estadounidenses pidieron a los participantes del estudio que calificaran la felicidad de aquellos cuyos destinos fueron desfavorecidos (discapacitados, desempleados, enfermos mentales, afroamericanos pobres) y luego compararon los resultados con la imagen real. La mayoría de los encuestados cree que esas personas simplemente no pueden ser felices, pero, de hecho, hay más personas felices que infelices entre ellos. En casi todos los países y grupos sociales, la puntuación media de felicidad es superior a cero. Incluso en los lugares más extremos y difíciles de sobrevivir, en las selvas de África, en la nieve de Groenlandia y en los barrios marginales de Calcuta, la gente tiene más posibilidades de ser feliz.

Ed Diener, destacado experto en el campo de la psicología positiva, profesor de la Universidad de Illinois (EE.UU.) explica: Cuando se habla de felicidad, los psicólogos utilizan varias formas de la misma. Tendemos a usar las palabras "felicidad" y "alegría" como términos más generales. De hecho, la felicidad es de muchos tipos: distinguimos calidad de vida, nivel de felicidad y emociones positivas, felicidad subjetiva y psicológica. La felicidad subjetiva es el grado de felicidad de una persona desde su punto de vista subjetivo, cómo evalúa su vida. Esto significa que podemos decir de nosotros mismos: "Me gusta mi vida", "Siento que estoy viviendo bien". La felicidad subjetiva es una combinación de satisfacción con la vida y emociones positivas. Este tipo de felicidad ha sido estudiado con más detalle. Este modelo sugiere que además de satisfacer las necesidades básicas, una persona necesita autoaceptación, autonomía, control de su entorno, relaciones positivas, propósito de vida y crecimiento individual. La salud mental muestra que la persona está "plenamente funcionando" mentalmente, incluso si no se siente feliz en ese momento.

La felicidad depende de nosotros, no de las circunstancias. ¿Qué determina nuestro nivel de felicidad? Los psicólogos estadounidenses Sonya Lubomirsky y Ken Sheldon resumieron todo lo que la ciencia sabe al respecto y lo presentaron como un círculo dividido en tres partes de diferentes tamaños. La mayoría de los círculos, la mitad, son la influencia del temperamento, la personalidad y la genética. Algunas personas se sienten felices desde la infancia pase lo que pase, mientras que otras luchan por sentir que les está yendo bien. La parte más pequeña del círculo, alrededor del 10%, es la influencia de circunstancias externas, incluido el lugar de residencia, el nivel de ingresos, la calidad de la educación, la pertenencia a un círculo social determinado. Por lo tanto, desde el punto de vista de los psicólogos, no tiene sentido ir a algún lugar en busca de la felicidad. El otro 40% es cómo construimos nuestras vidas: qué objetivos perseguimos, con quién nos comunicamos, qué actividades elegimos, qué estilo de vida llevamos. La felicidad depende de nosotros mismos más de lo que nunca pensamos.

¿Cómo medir la felicidad?

El psicólogo Ed Diener ofrece una de las formas más fáciles de medir la satisfacción con la vida.

En una escala del 1 al 7, califique qué tan de acuerdo está con cada una de las siguientes cinco afirmaciones. Califique 1 si está completamente en desacuerdo, 3 si no está convencido, 5 si está parcialmente de acuerdo, 7 si está totalmente de acuerdo. Por favor, trate de responder con honestidad y honestidad:

1. En muchos sentidos, mi vida está cerca de mi ideal.
2. Mi situación de vida es hermosa.
3. Estoy satisfecho con mi vida.
4. Tengo lo que realmente necesito en mi vida.
5. Si pudiera volver a vivir mi vida, difícilmente cambiaría nada.

Ahora sume los cinco números y obtendrás tu puntaje total: debe estar entre 5 y 35 puntos. Esta prueba muestra qué tan satisfecho estás con tu vida. Un puntaje entre 15 y 25 se considera promedio, un puntaje por debajo de 14 significa que su satisfacción con la vida está por debajo del promedio y si su puntaje está entre 26 y 35, es probable que esté bastante satisfecho con su estilo de vida.

Hay muy poca felicidad en el dinero.

Muchos estudios demuestran que el dinero no nos hace felices. Pero, ¿por qué es tan popular este mito? De hecho, el dinero trae felicidad, pero no por mucho tiempo. Comparar diferentes países y personas con diferentes ingresos en un mismo país muestra que, para los pobres, la felicidad está directamente relacionada con el bienestar material, y este sentimiento aumenta con los ingresos.

Pero cuando las necesidades básicas de la vida están satisfechas (tener un hogar, recibir atención médica, no pasar hambre, poder descansar y darles a sus hijos una buena educación), el interés por el crecimiento de los ingresos no hace que las personas sean más felices.

Aquellos que consideran el dinero particularmente importante se sienten más infelices que aquellos que filosofan sobre los aspectos humanos de la vida. La felicidad es cuando te entienden.

Esta idea, formada en la película "Vivamos hasta el lunes", es confirmada por la investigación de los psicólogos. Una de las bases más confiables de la felicidad son las relaciones cercanas, cálidas y profundas: familia, romance, amistad. Las personas casadas, incluidos los convivientes, son más felices que las personas solteras, divorciadas y viudas.

El valor de comunicarse con los demás es uno de los puntos principales de la ciencia de la felicidad. Los líderes de psicología positiva Ed Diener y Martin Seligman descubrieron que los estudiantes con puntajes altos en las pruebas tenían una cosa en común: relaciones cercanas en sus vidas.

¿Los genes lo deciden todo?

La herencia es un factor importante, pero no debe interferir seriamente con el disfrute de la vida. Algunos de nosotros parecemos nacer más felices que otros. En 1996, el investigador estadounidense David Liken publicó un artículo sobre el papel de la genética en la determinación de la satisfacción con la vida. Estudiando a gemelos idénticos, llegó a la conclusión de que el 50% de la satisfacción con la vida depende de nuestros genes.

De hecho, los "escenarios" establecidos dentro de nosotros desde el nacimiento son algo limitados, pero ¿cuántos de nosotros hemos tratado de ir más allá de los "predeterminados" establecidos? Como escribió el escritor británico Gilbert Chesterton, el destino no es lo que nos sucede sin importar lo que hagamos, sino lo que nos sucede si no hacemos nada. Nuestros genes no pueden hacernos felices si decidimos cambiar algo.

¿Depende la felicidad de la cultura?

El grado en que consideramos la felicidad una necesidad juega un papel importante. Esto se debe a las peculiaridades de la cultura, sociedad e ideología en la que vivimos, con la influencia de la moda. A menudo se critica a la civilización occidental por introducir una fascinación por la felicidad, razón por la cual aquellos que experimentan el fracaso y la adversidad tienen miedo de admitirlo. En algunos países, las personas se sienten más felices de lo habitual, según indicadores objetivos, mientras que, en otros, por el contrario, la mayoría de la población se siente insatisfecha. Por ejemplo, los primeros países incluyen a China con su alto grado de apoyo mutuo, estilos de vida difíciles y bajas expectativas, y países latinoamericanos donde tradicionalmente se han fomentado las emociones positivas. El segundo es el rico Japón, donde es difícil tener una actitud positiva debido a la fuerte presión de las normas y requisitos sociales.

¿Pueden las drogas hacerte más feliz?

Vale la pena explicar qué significan las drogas. Por lo tanto, algunos tranquilizantes pueden llamarse "píldoras felices". Estos medicamentos actúan activamente sobre el sistema nervioso, calmando, reduciendo el estrés y la ansiedad. La persona se relaja, pierde el sentido de la realidad y comienza a percibir todo de color rosa. Las personas que toman estas píldoras corren el riesgo de acostumbrarse rápidamente y eventualmente perder su entusiasmo por la vida.

Los antidepresivos de nueva generación funcionan de manera diferente. Ayudan a las personas que llevan un estilo de vida activo, trabajar duro y hacen frente a la sobrecarga de trabajo responsable. Los antidepresivos les permiten estar más tranquilos, ver la vida con más sobriedad, responder plenamente a lo que está sucediendo y no tener un arrebato emocional. Pero, ¿hacen más feliz a una persona? Eso es poco probable: después de todo, ninguna píldora que resuelva el

problema del vacío de la existencia del hombre, no
llenará su vida de sentido.

La felicidad es buena para tu salud

La experiencia de la felicidad es maravillosa en sí
misma. Pero las personas felices resultan ser más
productivas, son más apreciadas por los gerentes y los
clientes, es menos probable que estén desempleadas y
es menos probable que cambien de trabajo. En general,
son más saludables, tienen menos tiempo de baja por
enfermedad. Según la investigación de los psicólogos
Lubomirsky, King y Diener, tanto la felicidad como las
emociones positivas, los sentimientos de satisfacción,
la felicidad y la esperanza reducen el riesgo de
enfermedades del corazón, diabetes y resfriados. Bajo
las mismas condiciones de vida, las personas felices
viven más tiempo, tienen mejor inmunidad y se
recuperan más rápido de las cirugías mayores. Son
más desinteresados, más sociales, ven a los demás con
amabilidad, son mejores solucionadores de problemas
creativos.

La felicidad, como sabe la ciencia, no nos hace
egoístas. Por el contrario, el egocentrismo y el
desinterés eran mucho más comunes entre los menos
afortunados.

La felicidad puede crecer

Todo el mundo tiene su propio rango de felicidad: aunque los eventos de la vida afectan los sentimientos de felicidad, después de un tiempo, los niveles de felicidad vuelven a donde comenzaron. Pero no todos: hay cambios permanentes en los niveles de felicidad individuales, a menudo más altos. Por lo tanto, al conocer y aplicar formas de aumentar la felicidad, podemos llegar a ser más felices. La felicidad es posible. En esto influyen muchos factores, pero en mayor medida no depende de circunstancias externas sino de cómo construimos nuestra vida. Ed Diener y Martin Seligman comparan la verdadera felicidad con la música sinfónica, en la que muchos instrumentos producen sonidos, pero ninguno es suficiente. Todos tienen su propio camino hacia la felicidad, ninguna llave universal puede abrir esta puerta.

########